40 Minutos
DE ESTUDIO BÍBLICO

PROGRAMA DE
ESTUDIO
EN 6 SEMANAS

**MINISTERIOS
PRECEPTO
INTERNACIONAL**

VOLVIENDO

———

TU CORAZÓN

———

HACIA DIOS

———

**KAY ARTHUR
DAVID &
BJ LAWSON**

Volviendo Tu Corazón Hacia Dios
Publicado en inglés por WaterBrook Press
12265 Oracle Boulevard, Suite 200
Colorado Springs, Colorado 80921
Una división de Random House Inc.

Todas las citas bíblicas han sido tomadas de la Nueva Biblia Latinoamericana de Hoy;
© Copyright 2005
Por la Fundación Lockman.
Usadas con permiso (www.lockman.org).

ISBN 978-1-62119-208-4

2013 – Edición Estados Unidos

CONTENIDO

CÓMO USAR ESTE ESTUDIO

Este estudio bíblico inductivo está dirigido a grupos pequeños interesados en conocer la Biblia, pero que dispongan de poco tiempo para reunirse. Resulta ideal, por ejemplo, para grupos que se reúnan a la hora de almuerzo en el trabajo, para estudios bíblicos de hombres, para grupos de estudio de damas o para clases pequeñas de Escuela Dominical (también es muy útil para grupos que se reúnan durante períodos más largos—como por las noches o sábados por la mañana—que sólo quieran dedicar una parte de su tiempo al estudio bíblico; reservando el resto del tiempo para la oración, comunión y otras actividades).

El presente libro ha sido diseñado de tal forma que el propio grupo complete la tarea de cada lección al mismo tiempo. La discusión de las observaciones, extraídas de lo que Dios dice acerca de un tema en particular, les revelará impactantes y motivadoras verdades.

Aunque se trata de un estudio en grupo y participativo, resulta necesaria la intervención de un moderador para que dirija al grupo—alguien quien procure que la discusión se mantenga activa (la función de esta persona no es la de un conferenciante o maestro; sin embargo, al usar este libro en una clase de Escuela Dominical o en una reunión similar, el maestro deberá sentirse en libertad de dirigir el estudio de forma más abierta; brindando observaciones complementarias, además de las incluidas en la lección semanal).

Si eres el moderador del grupo, a continuación encontrarás algunas recomendaciones que te ayudarán a hacer más fácil tu trabajo:

• Antes de dirigir al grupo, revisa toda la lección y marca el texto. Esto te familiarizará con su contenido y te capacitará para ayudarles con mayor facilidad. La dirección del grupo te será más cómoda si tú mismo sigues las instrucciones de cómo marcar y si escoges un color específico para cada símbolo que marques.

- Al dirigir el grupo comienza por el inicio del texto leyéndolo en voz alta según el orden que aparece en la lección; incluye además los "cuadros de aclaración" que podrían aparecer después de las instrucciones y a mitad de las observaciones o de la discusión. Motívales a trabajar juntos la lección, observando y discutiendo todo cuanto aprendan. Y, al leer los versículos bíblicos, pide que el grupo diga en voz alta la palabra que estén marcando en el texto.

- Las preguntas de discusión sirven para ayudarte a cubrir toda la lección. A medida que la clase participe en la discusión, te irás dando cuenta que ellos responderán las preguntas por sí mismos. Ten presente que las preguntas de discusión son para guiar al grupo en el tema, y no para suprimir la discusión.

- Recuerda lo importante que resulta para la gente el expresar sus respuestas y descubrimientos; pues esto fortalecerá grandemente su entendimiento personal de la lección semanal. Por lo tanto, ¡asegúrate que todos tengan oportunidad de contribuir en la discusión semanal!

- Procura mantener la discusión activa, aunque esto pudiera significarles pasar más tiempo en algunas partes del estudio que en otras. De ser necesario, siéntete en libertad de desarrollar una lección en más de una sesión; sin embargo, recuerda evitar avanzar a un ritmo muy lento, puesto que es mejor que cada uno sienta "que deseen más"- a que se retiren por falta de interés.

- Si las respuestas del grupo no te parecen adecuadas, puedes recordarles cortésmente que deben mantenerse enfocados en la verdad de las Escrituras; su meta es aprender lo que la Biblia dice, y no el adaptarse a filosofías humanas. Sujétense únicamente a las Escrituras, y permitan que Dios sea quien les hable ¡Su Palabra es verdad! (Juan 17:17).

VOLVIENDO TU CORAZÓN HACIA DIOS

Ciertos eventos y momentos han cambiado el curso de la historia. He incluso, unos pocos pero preciosos momentos han llegado a cambiar el curso de la eternidad. Tomemos como ejemplo el nacimiento, la muerte y la resurrección de Jesucristo. Su vida no cambió tan solo la historia, sino también la eternidad.

Uno de esos cruciales momentos fue cuando Jesús pronunció el Sermón del Monte. El cual, sin duda alguna, es el sermón más famoso del mundo; en él, Jesús llevó la justicia a un nuevo nivel… y lo hizo de un solo golpe. Jesús también definió la religión de una manera que para aquella época resultaba, igual que hoy en día, contra cultura, radical e incluso revolucionaria.

El Sermón podría exponerse, palabra por palabra, en solo dieciocho minutos; pero podrías pasar toda una vida estudiándolo y nunca alcanzar por completo toda su profundidad. Tan solo la introducción – tema de muchos libros, tesis y discusiones – es tan poderosa, tan inspiradora, que tiene su propio nombre separado del Sermón del Monte: Las Bienaventuranzas. En esos pocos versículos, Jesús introduce el sistema de fe que cambió radicalmente al mundo.

Al estudiar lo que significa ser bendecido por Dios y cómo se manifiestan esas bendiciones en nuestras vidas, encontrarás que éste es el lado práctico de vivir en el mundo real. Y al vivir las bendiciones, nos convertimos en la luz que alumbra en la oscuridad, en una ciudad en un monte que no puede ser escondida. Nos convertimos entonces en embajadores del Hijo de Dios.

Es así que tendremos la oportunidad de impactar al mundo – todo por haber estudiado tan solo la introducción de un sermón que data de más de dos mil años.

¿Quieres ser bendecido por Dios? ¡Por supuesto! ¡Todos lo queremos! Queremos Su bendición en nuestras vidas. Esta semana definiremos, mediante la Escritura, la palabra bienaventurado y estudiaremos la primera bienaventuranza para ver quién es quien recibe la bendición de Dios. Pero comienza por favor en oración; antes de iniciar el estudio, dediquemos un tiempo en oración, pidiéndole a Dios que nos ayude a ver estos familiares versículos con un corazón abierto a Su verdad.

OBSERVA

Mateo 5-7 es comúnmente llamado el Sermón del Monte. Y Jesús comenzó Su sermón con las Bienaventuranzas.

Líder: *Lee Mateo 5:1-12 en voz alta. Pide al grupo que diga en voz alta y marque...*

- *Cada referencia a* **Jesús**, *incluyendo pronombres, con una cruz:* †
- *Dibuje un rectángulo alrededor de la palabra* **bienaventurados:** ▭

Al leer el texto, resulta muy útil que el grupo diga las palabras clave en voz alta mientras las va marcando. De esta manera todos estarán seguros de haber marcado cada ocurrencia de la palabra, incluyendo cualquier palabra o frase sinónima. Haz esto a lo largo del estudio.

Mateo 5:1-12

[1] Cuando Jesús vio a las multitudes, subió al monte; y después de sentarse, Sus discípulos se acercaron a El.

[2] Y abriendo Su boca, les enseñaba, diciendo:

[3] "Bienaventurados (Felices) los pobres en espíritu, pues de ellos es el reino de los cielos.

[4] "Bienaventurados los que lloran, pues ellos serán consolados.

⁵ "Bienaventurados los humildes, pues ellos heredarán la tierra.

⁶ "Bienaventurados los que tienen hambre y sed de justicia, pues ellos serán saciados.

⁷ "Bienaventurados los misericordiosos, pues ellos recibirán misericordia.

⁸ "Bienaventurados los de limpio corazón, pues ellos verán a Dios.

⁹ "Bienaventurados los que procuran la paz, pues ellos serán llamados hijos de Dios.

¹⁰ "Bienaventurados aquéllos que han sido perseguidos por causa de la justicia, pues de ellos es el reino de los cielos.

DISCUTE

• ¿Qué aprendiste al marcar *Jesús*?

• ¿A quién estaba enseñando Jesús?

• ¿Cómo comenzaba cada declaración?

[11] "Bienaventurados serán cuando los insulten y persigan, y digan todo género de mal contra ustedes falsamente, por causa de Mí.

[12] Regocíjense y alégrense, porque la recompensa de ustedes en los cielos es grande, porque así persiguieron a los profetas que fueron antes que ustedes.

OBSERVA

Veamos lo que significa la palabra *bienaventurados*.

Líder: Lee 1 Timoteo 1:11; 6:13-15; y Tito 2:11-13 en voz alta.

• *Pide al grupo que diga en voz alta y dibuje un rectángulo alrededor de las palabras **bendito** y **bienaventurado(a)**.*

DISCUTE

• ¿A quién están asociadas estas palabras en cada uno de estos pasajes?

1 Timoteo 1:11; 6:13-15

[11] según el glorioso evangelio del Dios bendito, que me ha sido encomendado.

[13] Te mando delante de Dios, que da vida a todas las cosas, y de Cristo Jesús, que dio testimonio de la buena profesión delante de Poncio Pilato,

[14] que guardes el mandamiento sin mancha ni reproche hasta la manifestación de nuestro Señor Jesucristo,

[15] la cual manifestará a su debido tiempo el bienaventurado y único Soberano, el Rey de reyes y Señor de señores;

Tito 2:11-13

[11] Porque la gracia de Dios se ha manifestado, trayendo salvación a todos los hombres,

[12] enseñándonos, que negando la impiedad y los deseos mundanos, vivamos en este mundo sobria, justa y piadosamente,

[13] aguardando la esperanza bienaventurada y la manifestación de la gloria de nuestro gran Dios y Salvador Cristo Jesús.

- ¿De quién es una característica la palabra *bendito*?

- *Bendito* o *bienaventurado* es primero, y principalmente, una característica de Dios. Es parte de quién Él es, de Su estado de ser. ¿Qué diferencia hace esto en nuestro entendimiento de cómo somos bendecidos como creyentes?

OBSERVA

La palabra griega para *bienaventurado* – *makarios* – también es utilizada en la Septuaginta; una traducción griega del Antiguo Testamento en hebreo, terminada aproximadamente en el año 11 a.c. Al revisar pasajes donde los traductores de entonces utilizaron *makarios*, podemos aclarar lo que ellos entendieron como el significado de esta palabra.

Líder: Lee en voz alta que están al margen de las páginas 7 y 8.

* *Pide al grupo que diga en voz alta y dibuje un rectángulo alrededor de la palabra* ***bienaventurado****.*

ACLARACIÓN

La palabra griega traducida como *bienaventurado* es *makarios*. Algunas veces es traducida como "feliz"; sin embargo, tiene un significado mucho más profundo. En español, la idea de estar feliz se basa en las circunstancias favorables. Pero ser bienaventurado en realidad es poseer el favor de Dios. Es un estado que se define por la plenitud y satisfacción de Dios. Ser bienaventurado es caminar en la plenitud de Dios a pesar de las circunstancias.

Salmos 1:1-2

[1] ¡Cuán bienaventurado es el hombre que no anda en el consejo de los impíos, ni se detiene en el camino de los pecadores, ni se sienta en la silla de los escarnecedores,

[2] Sino que en la ley del SEÑOR está su deleite, Y en su ley medita de día y de noche!

Salmos 32:1-2

[1] ¡Cuán bienaventurado es aquél cuya transgresión es perdonada, Cuyo pecado es cubierto!

[2] ¡Cuán bienaventurado es el hombre a quien el SEÑOR no culpa de iniquidad, Y en cuyo espíritu no hay engaño!

Salmos 34:8

Prueben y vean que el SEÑOR es bueno. ¡Cuán bienaventurado es el hombre que en El se refugia!

Salmos 65:4

Cuán bienaventurado es aquel que Tú escoges, y acercas a Ti, para que more en Tus atrios. seremos saciados con el bien de Tu casa, Tu santo templo.

Mateo 5:3

Bienaventurados (Felices) los pobres en espíritu, pues de ellos es el reino de los cielos.

DISCUTE

• Viendo cada lugar donde marcaste *bienaventurado*, ¿qué notaste de la persona que es bienaventurada?

• ¿Qué diferencia hacen estas descripciones en tu entendimiento del uso de esta palabra, por parte de Jesús, en las Bienaventuranzas?

• ¿Eres tú, según esta definición, *bienaventurado*? Si no es así, ¿por qué no?

OBSERVA

Líder: Lee Mateo 5:3 en voz alta. Pide al grupo que diga en voz alta y...

• *Dibuje un rectángulo alrededor de la palabra* **bienaventurado**.
• *Dibuje una forma de nube como ésta* ⌇⌇ *alrededor de la frase* **reino de los cielos**.

DISCUTE

- ¿Quién es bienaventurado, según este versículo?

ACLARACIÓN

La palabra griega traducida en Mateo 5:3 como *pobre* significa "ser *pobre*, débil, indigente y estar en bancarrota". Ser "pobre de espíritu" significa saber que no tienes nada que ofrecer y reconocer tu total dependencia de Dios. Sugiere humildad, lo cual es lo opuesto del orgullo.

- Discute cómo se manifiesta en la vida de un creyente el ser pobre de espíritu.

- ¿Qué se le promete a los que son pobres de espíritu?

Lucas 18:9-14

⁹ Dijo también Jesús esta parábola a unos que confiaban en sí mismos como justos, y despreciaban a los demás:

¹⁰ "Dos hombres subieron al templo a orar; uno era Fariseo y el otro recaudador de impuestos.

¹¹ El Fariseo puesto en pie, oraba para sí de esta manera: 'Dios, te doy gracias porque no soy como los demás hombres: estafadores, injustos, adúlteros; ni aun como este recaudador de impuestos.

¹² Yo ayuno dos veces por semana; doy el

OBSERVA

En el evangelio de Lucas, Jesús nos da una gran ilustración de cómo se ve el ser pobre de espíritu.

Líder: Lee Lucas 18:9-14 en voz alta. Pide al grupo que...

• *Marque cada referencia al **fariseo**, incluyendo sinónimos y pronombres, con una **F**.*

• *Marque cada referencia al **recaudador de impuestos**, incluyendo sinónimos y pronombres, con un signo de dólar, como éste: **$***

DISCUTE

• ¿Qué aprendiste al marcar las referencias al fariseo?

• Según el versículo 11, ¿cuál era su oración?

• ¿En qué confiaba?

• El versículo 13 comienza con la palabra *pero*, la cual a menudo indica un contraste. ¿Entre quiénes se establece el contraste en estos versículos?

- ¿Qué aprendiste al marcar las referencias al recaudador de impuestos?

- ¿Cuál es la diferencia entre esos dos hombres?

- ¿A quién estaba utilizando el fariseo para medir su justicia?

- ¿A quién utilizó el recaudador de impuestos como estándar para medir su justicia?

- Discute cómo ilustra esta parábola lo que significa ser pobre de espíritu.

- ¿Has visto realmente tu pobreza de espíritu? ¿Has reconocido tu incapacidad de cumplir con los estándares de Dios? Explica tu respuesta.

diezmo de todo lo que gano.'

[13] Pero el recaudador de impuestos, de pie y a cierta distancia, no quería ni siquiera alzar los ojos al cielo, sino que se golpeaba el pecho, diciendo: 'Dios, ten piedad de mí, pecador.'

[14] Les digo que éste descendió a su casa justificado pero aquél no; porque todo el que se engrandece será humillado, pero el que se humilla será engrandecido."

Salmos 34:18

Cercano está el Señor a los quebrantados de corazón, Y salva a los abatidos de espíritu.

Salmos 51:17

Los sacrificios de Dios son el espíritu contrito; Al corazón contrito y humillado, oh Dios, no despreciarás.

OBSERVA

Observa los siguientes versículos del Antiguo Testamento y nota cómo se relacionan con lo que has visto hasta ahora acerca de ser pobre de espíritu.

Líder: Lee Salmos 34:18 y 51:17 en voz alta.

- *Pide al grupo que diga en voz alta y marque cada mención de **Dios**, incluyendo sinónimos y pronombres, con un triángulo:* △

DISCUTE

- ¿Qué aprendiste acerca de Dios en estos versículos?

- ¿Cómo se relacionan estas observaciones con lo que hemos estado estudiando?

OBSERVA

Líder: *Lee Isaías 57:15 en voz alta. Pide al grupo que...*

- *Marque cada sinónimo y pronombre que se refiere a **Dios** con un triángulo.*
- *Subraye cada vez que aparezcan las palabras **humilde** y **contrito**.*

DISCUTE

- ¿Qué aprendiste al marcar las referencias a Dios?

Isaías 57:15

Porque así dice el Alto y Sublime Que vive para siempre, cuyo nombre es Santo: "Yo habito en lo alto y santo, y también con el contrito y humilde de espíritu, para vivificar el espíritu de los humildes y para vivificar el corazón de los contritos.

- ¿Qué desea hacer Él para el humilde y contrito de espíritu?

- ¿Cómo se relaciona esto con lo que Jesús dijo acerca del pobre de espíritu?

Isaías 66:1-2

¹ Así dice el SEÑOR:
"El cielo es Mi trono
y la tierra el estrado de
Mis pies. ¿Dónde, pues,
está la casa que podrían
edificarme? ¿Dónde está
el lugar de Mi reposo?

² Todo esto lo hizo Mi
mano, y así todas estas
cosas llegaron a ser,"
declara el SEÑOR.
"Pero a éste miraré:
al que es humilde y
contrito de espíritu, y
que tiembla ante Mi
palabra."

OBSERVA

En los días de Isaías el pueblo cumplía con los rituales de adoración sin tener un verdadero corazón para Dios.

Líder: Lee Isaías 66:1-2 en voz alta. Pide al grupo que diga en voz alta y...

- *Marque cada referencia al **Señor**, incluyendo pronombres, con un triángulo.*
- *Subraye la frase **humilde y contrito de espíritu.***

DISCUTE

- ¿Qué aprendiste acerca del Señor en estos versículos?

- ¿Qué busca Dios en una persona?

OBSERVA

Después de que Mateo, un recaudador de impuestos, comenzara a seguir a Jesús, él hizo una cena en su casa.

Líder: *Lee Mateo 9:10-13 en voz alta. Pide al grupo que...*

* *Marque cada referencia a **Jesús**, incluyendo pronombres, con una cruz:* ✝
* *Marque cada referencia a **los fariseos**, incluyendo sinónimos y pronombres, con una F.*

DISCUTE

* ¿A quién había invitado a cenar Mateo?

* ¿Por qué piensas que pudo haber invitado a ese grupo de personas en particular?

ACLARACIÓN

Los judíos odiaban a los recaudadores de impuestos porque ellos recaudaban dinero para apoyar a los romanos. Y frecuentemente recaudaban más de lo necesario y se quedaban con el excedente para ellos mismos.

Mateo 9:10-13

10 Y estando El sentado a la mesa en la casa, muchos recaudadores de impuestos y pecadores llegaron y se sentaron a la mesa con Jesús y Sus discípulos.

[11] Cuando los Fariseos vieron esto, dijeron a Sus discípulos: "¿Por qué come su Maestro con los recaudadores de impuestos y pecadores?"

[12] Al oír Jesús esto, dijo: "Los que están sanos no tienen necesidad de médico, sino los que están enfermos.

[13] Pero vayan, y aprendan lo que significa: 'Misericordia

quiero y no sacrificio';
porque no he venido a
llamar a justos, sino a
pecadores."

- ¿Cómo reaccionaron los fariseos ante esta escena?

- Teniendo en mente que los fariseos eran los líderes religiosos de la época, ¿por qué piensas que respondieron de esta manera?

- ¿Qué demostraron las palabras de Jesús? ¿A quién vino a llamar?

- ¿Qué le dijo Jesús a la gente que hiciera en el versículo 13, y por qué? ¿Cómo se relaciona esto con los versículos anteriores?

OBSERVA
En cierto momento, al principio de Su ministerio, Jesús regresó a Su ciudad natal de Nazaret y fue a la sinagoga, donde se Le pidió que leyera del libro de Isaías.

Líder: *Lee Lucas 4:18-21. Pide al grupo que...*
- *Marque cada referencia a **Jesús**, incluyendo pronombres con una cruz.*
- *Subraye la frase **para proclamar el año favorable del Señor.***

DISCUTE
- ¿Para qué ministerios Jesús había sido ungido?

- ¿Encuentras algún posible paralelo entre este pasaje y lo que hemos visto hasta ahora acerca de ser pobre de Espíritu? Explica tu respuesta.

ACLARACIÓN

La porción de la Escritura que Jesús leyó fue Isaías 61:1-2, un pasaje mesiánico. Al añadir "Hoy se ha cumplido esta Escritura que han oído", Jesús declaró ser el Mesías que traería el prometido reino de Dios.

Lucas 4:18-21

18 "El Espiritu del Señor esta sobre Mi, porque Me ha ungido para anunciar el evangelio a los pobres. Me ha enviado para proclamar libertad a los cautivos, y la recuperacion de la vista a los ciegos; para poner en libertad a los oprimidos;

19 para proclamar el año favorable del SEÑOR."

20 Cerrando el libro (el rollo), lo devolvió al asistente y se sentó; y los ojos de todos en la sinagoga estaban fijos en El.

21 Y comenzó a decirles: "Hoy se ha cumplido esta Escritura que han oído."

Filipenses 3:4-9

⁴ aunque yo mismo podría confiar también en la carne. Si algún otro cree tener motivo para confiar en la carne, yo mucho más:

⁵ circuncidado a los ocho días de nacer, del linaje de Israel, de la tribu de Benjamín, Hebreo de Hebreos; en cuanto a la Ley, Fariseo;

⁶ en cuanto al celo, perseguidor de la iglesia; en cuanto a la justicia de la Ley, hallado irreprensible.

⁷ Pero todo lo que para mí era ganancia, lo he estimado como pérdida por amor de Cristo.

⁸ Y aún más, yo estimo

OBSERVA

Al terminar esta lección, veamos cómo el apóstol Pablo demostró pobreza de espíritu.

Líder: Lee Filipenses 3:4-9 en voz alta. Pide al grupo que diga en voz alta y...

- *Encierre en un círculo los pronombres yo y mí, que se refieren a **Pablo**.*
- *Dibuja una línea ondulada como ésta:* bajo cada una de estas frases **lo he estimado como pérdida, lo he perdido todo y lo considero como basura.**
- *Marque con una **J** cada vez que aparezca la palabra **justicia**.*

DISCUTE

- ¿Qué aprendiste de Pablo en los versículos 4-6?

- El versículo 7 comienza con la palabra *pero*, la cual como ya hemos visto, a menudo indica un contraste. ¿Qué contraste estaba haciendo Pablo en los versículos 7 y 8?

como pérdida todas las cosas en vista del incomparable valor de conocer a Cristo Jesús, mi Señor. Por El lo he perdido todo, y lo considero como basura a fin de ganar a Cristo,

- ¿Por qué razón Pablo estaba contando estas cosas como pérdida, y cuál sería el resultado de ello?

9 y ser hallado en El, no teniendo mi propia justicia derivada de la Ley, sino la que es por la fe en Cristo (el Mesías), la justicia que procede de Dios sobre la base de la fe,

- ¿Cuáles son las dos diferentes clases de justicia descritas por Pablo?

- ¿En qué justicia puso su confianza Pablo?

- Pablo estimó o consideró las cosas en su vida como pérdida, y tomó la decisión de no aferrarse a ninguna justicia propia. ¿Has hecho también esto?

- ¿Puedes identificar en tu vida algún factor que pudiera estar evitando que vieras tu pobreza de espíritu? ¿Cuáles? ¿riqueza? ¿sabiduría terrenal? ¿fuertes talentos naturales? ¿tu propia justicia?

Líder: si el tiempo así lo permite, aprovecha esta oportunidad para guiar al grupo en un tiempo de oración y reflexión.

FINALIZANDO

Parecería estar grabado en nuestra naturaleza humana el pensar que somos mejores de lo que realmente somos. Y esto es especialmente cierto cuando se trata de ponerse en frente del Juez Justo del universo. Muy a menudo, cuando se trata del pecado, justificamos nuestras acciones comparándonos con alguien que creemos es peor que nosotros. Es como si creyéramos que Dios nos calificara según las acciones de los demás. *De seguro* que, nos decimos a nosotros mismos, *no soy perfecto, pero yo me veo muy bien en comparación con esta otra persona.*

El fariseo de la parábola de Jesús en Lucas 18 se veía a sí mismo de esa manera. Comparado con otros, se juzgaba a sí mismo como un buen hombre, mucho más justo que el ordinario pecador promedio.

Pero eso no es lo que Dios juzga. Su estándar es la perfección, no la bondad. Romanos 3:10 nos dice: "No hay justo, ni aun uno". Nadie puede contra el estándar conocido como justicia. Pablo continúa diciendo en Romanos 3:23 "Porque todos pecaron y están destituidos de la gloria de Dios". Todos nos quedamos cortos al compararnos a ese estándar.

Como viste en esta semana, nuestra única esperanza para ser bendecidos es admitir nuestra completa dependencia de Dios "Dios se opone a los soberbios, pero le da gracia a los humildes" (1 Pedro 5:5). Los que caminan en la plenitud de Dios, aquellos cuya herencia es el cielo son los pobres de espíritu. Solo los que se dan cuenta de que no tienen justicia propia para ofrecer a Dios heredarán pues el reino de los cielos.

Sitúate a ti mismo en la parábola de Lucas 18. ¿Quién eres tú? ¿En lo profundo de tu corazón, dentro de tu alma, a cuál de estos hombres te pareces? *¡Dios ten piedad de nosotros los pecadores!*

Pídele a Dios que te muestre tu pobreza de espíritu para que puedas encontrar plenitud en Él.

"Bienaventurados los que lloran." *¿En serio?* Tomada literalmente, esa declaración parece un tanto extraña. Sin embargo, la semana pasada aprendimos que es el pobre de espíritu quien es bienaventurado; que cuando llegamos al punto de darnos cuenta de nuestra bancarrota espiritual, es cuando somos bendecidos por Dios.

Ya que Jesús continuó inmediatamente con una declaración acerca del llanto, quizás haya alguna conexión entre el llanto y el reconocimiento de nuestra pobreza de espíritu. Esperamos que a través del estudio de esta semana puedas alcanzar un mayor entendimiento de lo que significa ser bienaventurado.

OBSERVA

Líder: *Lee Mateo 5:4 en voz alta. Pide al grupo que diga en voz alta y...*

- *Dibuje un rectángulo alrededor de la palabra* **bienaventurado:**
- *Marque la palabra* **lloran** *con una lágrima, como ésta:*

Mateo 5:4

"Bienaventurados los que lloran, pues ellos serán consolados.

DISCUTE

- ¿Quién es bienaventurado en este versículo?

ACLARACIÓN

El lenguaje utilizado específicamente en este versículo incluye la palabra de mayor énfasis para llanto en el idioma griego. Se trata del término utilizado para referirse a llorar la muerte de un ser querido, y describe un duelo que no puede ocultarse.

Salmos 34:17-18

¹⁷ Claman los justos, y el SEÑOR los oye y los libra de todas sus angustias.

¹⁸ Cercano está el SEÑOR a los quebrantados de corazón, y salva a los abatidos de espíritu.

Salmos 147:3

Sana a los quebrantados de corazón y venda sus heridas.

OBSERVA

Líder: Lee en voz alta Salmos 34:17-18 y Salmos 147:3.

- *Pide al grupo que diga en voz alta y marque cada vez que aparezcan las frases **quebrantados de corazón** y **abatidos de espíritu** con una lágrima como ésta:*

DISCUTE

- ¿Qué aprendiste acerca de los que están quebrantados de corazón y abatidos de espíritu?

- ¿Cómo se relaciona esto con Mateo 5:4 "Bienaventurados los que lloran, pues ellos serán consolados"?

OBSERVA

Jesús dijo: "Bienaventurados los que lloran". La pregunta es, ¿por qué debemos llorar? Para ayudarnos a entender lo que Jesús quiso decir, veamos otro lugar en las Escrituras donde también se utiliza la palabra *lloren*.

Líder: Lee Santiago 4:6-10 en voz alta. Pide al grupo que...

• *Subraye cada **instrucción**. No te pierdas las palabras de acción.*

• *Marque con una lágrima las palabras **lloren** y **lamento**.*

DISCUTE

• ¿Cómo debemos humillarnos ante Dios? Haz una lista de las instrucciones que subrayaste.

• Según Santiago, ¿cómo hay que acercarse a Dios? ¿Qué clase de cosas debemos hacer?

• ¿Cómo es posible remover la barrera entre el hombre y Dios?

Santiago 4:6-10

⁶ Pero El da mayor gracia. Por eso dice: "Dios resiste a los soberbios pero da gracia a los humildes."

⁷ Por tanto, sométanse a Dios. Resistan, pues, al diablo y huirá de ustedes.

⁸ Acérquense a Dios, y El se acercará a ustedes. Limpien sus manos, pecadores; y ustedes de doble ánimo (que dudan), purifiquen sus corazones.

⁹ Aflíjanse, laméntense y lloren. Que su risa se convierta en lamento y su gozo en tristeza.

¹⁰ Humíllense en la presencia del Señor y El los exaltará.

ACLARACIÓN

Tanto *limpien* como *purifiquen* son términos técnicos en el Antiguo Testamento que se refieren a la limpieza ceremonial de los sacerdotes (Éxodo 30:19-21). La referencia a la limpieza, que trae a la mente una acción externa como lavarse las manos, indicaría detener ciertos comportamientos visibles. La amonestación a "purificar sus corazones" apunta más a una limpieza interna de los pensamientos, motivaciones y deseos del corazón de un individuo.

El hombre de *doble ánimo* sufre de lealtades divididas. Por un lado desea estar cerca y agradar a Dios; por otro lado ama el mundo y todo lo que éste tiene para ofrecer.

• ¿Cuál debe ser nuestra respuesta al pecado?

• Si respondemos correctamente al pecado, ¿qué hará Dios? ¿Cómo se relaciona con esta bienaventuranza en particular?

- ¿Cuándo fue la última vez que verdaderamente te lamentaste por tu pecado? ¿Por el pecado de los demás?

- Según lo que viste en Mateo 5:4, ¿qué pueden esperar los que lloran?

- Examina tu corazón. Discute lo que significa ser de doble ánimo y cómo se relaciona con esta semana de estudio.

OBSERVA

En respuesta al pecado en la iglesia en Corinto, el apóstol Pablo escribió una dura carta de disciplina y la envió a Tito. Aunque dicha carta causó dolor tanto a Pablo como a los creyentes corintios, la carta cumplió su propósito.

Líder: Lee 2 Corintios 7:8-10 en voz alta.
Pide al grupo que...
- *Marque cada referencia a **tristeza** y **entristecidos** con una lágrima.*
- *Subraye cada vez que aparezca la frase **conforme a la voluntad de Dios**.*

2 Corintios 7:8-10

8 Porque si bien les causé tristeza con mi carta, no me pesa. Aun cuando me pesó, pues veo que esa carta les causó tristeza, aunque sólo por poco tiempo;

9 pero ahora me regocijo, no de que fueron entristecidos, sino de que fueron

entristecidos para arrepentimiento; porque fueron entristecidos conforme a la voluntad de Dios, para que no sufrieran pérdida alguna de parte nuestra.

[10] Porque la tristeza que es conforme a la voluntad de Dios produce un arrepentimiento que conduce a la salvación, sin dejar pesar; pero la tristeza del mundo produce muerte.

DISCUTE

• ¿Qué aprendiste al marcar las referencias a tristeza?

• ¿Por qué se regocijaba Pablo?

• ¿Cómo está relacionada la voluntad de Dios con la tristeza de la iglesia?

• En el versículo 10, Pablo muestra un contraste entre dos tipos de tristeza. ¿Cuáles son y en qué maneras son diferentes?

ACLARACIÓN

Arrepentimiento significa un cambio completo de cómo entiendes tu pecado a como Dios lo define, y situar tus acciones (y forma de pensar) en línea con la voluntad de Dios.

• ¿Alguna vez has sido amonestado por tu pecado? ¿Cómo te hizo sentir esto? ¿Cuál fue el resultado?

OBSERVA

En otra de sus cartas a los corintios, Pablo trató con algunos problemas de esa iglesia, incluyendo el no disciplinar a un hermano en pecado.

Líder: *Lee 1 Corintios 5:1-2 en voz alta.*

Pide al grupo que diga en voz alta y...

- *Encierre en un círculo cada vez que aparezca el pronombre ⟨ustedes⟩ que se refiere a **los corintios** en estos versículos.*
- *Marque la palabra **entristecido** con una lágrima.*

DISCUTE

- ¿Qué problema estaba tratando Pablo? Según lo que has leído, ¿qué tan serio era ese problema?

- Si se dejaba pasar esa situación, ¿qué impacto podría haber tenido en la iglesia?

1 Corintios 5:1-2

¹ En efecto, se oye que entre ustedes hay inmoralidad, y una inmoralidad tal como no existe ni siquiera entre los Gentiles, al extremo de que alguien tiene la mujer de su padre.

² ¡Y ustedes se han vuelto arrogantes en lugar de haberse entristecido, para que el que de entre ustedes ha cometido esta acción fuera expulsado de en medio de ustedes!

- ¿Cómo habían respondido los corintios a esa vergonzosa situación?

- ¿Cuál debió haber sido su respuesta?

- ¿Alguna vez has escuchado de una iglesia o denominación que es tan "amorosa" y "acogedora" que nunca confronta y ni siquiera reconoce ningún tipo de pecado en el cuerpo? ¿Cómo se compara esto con la instrucción de Pablo a los corintios para que confrontaran el pecado?

2 Corintios 12:20-21

²⁰ Porque temo que quizá cuando yo vaya, halle que no son lo que deseo, y yo sea hallado por ustedes que no soy lo que desean. Que quizá haya pleitos, celos, enojos, rivalidades, difamaciones, chismes,

OBSERVA

Pablo escribió que deseaba visitar una vez más la iglesia en Corinto, pero que tenía algunas preocupaciones.

Líder: Lee 2 Corintios 12:20-21 en voz alta. Pide al grupo que...
- *Encierre en un círculo los pronombres yo, mi y me, que se refieren a Pablo en estos versículos.*
- *Marque la palabra llorar con una lágrima.*

DISCUTE

- ¿Qué temía Pablo encontrar si visitaba la iglesia en Corinto?

- ¿Por qué lloraría Pablo en esa iglesia?

- Los pecados en la iglesia deben ser confrontados con seriedad y firmeza. El amor de Pablo por los corintios no evitaba que él confrontara sus pecados. Esto también causó que él llorara por sus pecados. ¿Lloras tú por el pecado? ¿o simplemente lo ignoras? Considera tu respuesta en oración.

- ¿Tu iglesia, tu comunidad cristiana, llora por el pecado o simplemente lo ignora? Explica tu respuesta.

arrogancia, desórdenes.

[21] Temo que cuando los visite de nuevo, mi Dios me humille delante de ustedes, y yo tenga que llorar por muchos que han pecado anteriormente y no se han arrepentido de la impureza, inmoralidad y sensualidad que han practicado.

FINALIZANDO

"Sino que así como Aquél que los llamó es Santo, así también sean ustedes santos en toda su manera de vivir. Porque escrito está: "Sean santos, porque Yo soy santo."" (1 Pedro 1:15-16).

La santidad es el estándar. Cada uno de nosotros debe ser santo así como Dios es santo. Medita en ello por un momento. La santidad es el objetivo. ¿Suena acaso imposible? Podrías estar pensando que probablemente era posible para algún santo de la historia antigua, pero no ahora, no hoy en día. Tal vez crees que no está en ti ser santo; incluso podrías intentarlo, pero en el fondo, sospechas que no lo lograrás.

¡Buenas noticias! Bienaventurados los que son pobres de espíritu. Bienaventurados los que se dan cuenta que simplemente no pueden ser santos. Ellos son bendecidos porque son a los que Dios ayuda; recuerda que Dios ayuda a los que se sienten desamparados.

Al ver nuestra pobreza espiritual, el Espíritu Santo obra en nosotros para que podamos darnos cuenta de nuestra falta de santidad y sentir así arrepentimiento. Dios nos ha llamado a ser santos, y Jesús pagó un alto y doloroso precio por nuestra falta de santidad. Nuestro pecado, o falta de santidad, hiere a Dios y hiere a las personas que nos rodean.

La respuesta natural al pecado es ignorarlo, racionalizarlo, pues nadie es perfecto. Algunas veces justificamos el pecado culpando a otros. Y a veces ponemos la felicidad por encima de la santidad, razonando que simplemente deseamos que la gente se sienta aceptada.

La respuesta sobrenatural al pecado, es la que produce el Espíritu Santo; arrepentirnos del pecado. Deberíamos llorar por el pecado que causó la muerte de Aquel que nos amó incondicionalmente. El pecado rechaza a Dios y le causa daño a Su pueblo. Por lo tanto, deberíamos arrepentirnos en llanto por nuestros pecados y por los pecados de los demás.

Dedica un tiempo en oración, pidiéndole a Dios que te de arrepentimiento por las cosas que Lo entristecen; y pídele que te ayude a llorar en arrepentimiento por el pecado.

Jesús dijo: "Bienaventurados los humildes"; sin embargo, esa no parece ser la realidad, ¿verdad? Se espera que quienes son agresivos, luchadores, intelectuales, incluso los que tienen suerte sean los que tal vez hereden la tierra. Pero no se espera que los humildes tengan alguna ventaja, ¿no es así?

Sin embargo, en las primeras dos lecciones hemos visto que la perspectiva de Jesús sobre la vida y la justicia no se parece en nada a la perspectiva del mundo; y la perspectiva bíblica sobre la humildad tampoco es lo que podríamos haber esperado.

En esta lección veremos quiénes son los humildes y lo que significa para ellos heredar la tierra.

OBSERVA

Líder: Lee Mateo 5:5 en voz alta. Pide al grupo que diga en voz alta y...

- *Dibuje un rectángulo alrededor de la palabra **bienaventurados**.*
- *Dibuje una línea ondulada como ésta:* ∿∿∿ *bajo la palabra **humildes**.*

Mateo 5:5

Bienaventurados los humildes, pues ellos heredarán la tierra.

DISCUTE

•¿Quién es bienaventurado, según Mateo 5:5?

•¿Cuál será el resultado?

ACLARACIÓN

Los griegos de esa época entendían como persona humilde o mansa a aquella que se enoja en la ocasión apropiada, con las personas indicadas, en el momento indicado y por el tiempo justo. Aristóteles, por ejemplo, lo definió como el punto medio entre el enojo excesivo y la incapacidad de mostrar enojo. Esto es muy diferente a nuestro concepto moderno de humildad o mansedumbre.

Salmos 37:1-11

¹ No te irrites a causa de los malhechores; No tengas envidia de los que practican la iniquidad.

² Porque como la hierba pronto se secarán Y se marchitarán como la hierba verde.

³ Confía en el SEÑOR, y haz el bien;

OBSERVA

Aunque no lo pareciera, en las Biblias que usamos actualmente, Mateo 5:5 es realmente una cita directa del Salmo 37:11 en la Septuaginta. Veamos ese versículo en su total contexto para observar cómo se describe la mansedumbre.

Líder: Lee Salmos 37:1-11 en voz alta. Pide al grupo que:
- *Marque cada vez que aparezca la frase no te irrites, con una X.*
- *Dibuje un rectángulo alrededor de la frase poseerán la tierra.*

- *Dibuje una línea ondulada bajo la palabra* **humildes**.

ACLARACIÓN

Como aprendiste en la primera semana, la traducción griega del Antiguo Testamento se conoce como Septuaginta. En ocasiones es útil observar en ella ciertos pasajes del Antiguo Testamento para ver cómo y dónde esos traductores de antaño utilizaron determinada palabra griega.
En los siguientes pasajes la palabra griega para *mansedumbre* es utilizada en la Septuaginta, pero en nuestra versión en español ha sido traducida como *humilde*.

DISCUTE

- ¿Cómo deberíamos responder cuando otros parecen salirse con la suya haciendo lo malo, según los versículos 3-4? ¿En quién o qué deberíamos confiar?

- Debido a esa confianza, ¿qué dice el versículo 5 que deberíamos hacer?

Habita en la tierra, y cultiva la fidelidad.

⁴ Pon tu delicia en el SEÑOR, y El te dará las peticiones de tu corazón.

⁵ Encomienda al Señor tu camino, confía en El, que El actuará;

⁶ Hará resplandecer tu justicia como la luz, y tu derecho como el mediodía.

⁷ Confía callado en el Señor y espera en El con paciencia; No te irrites a causa del que prospera en su camino, Por el hombre que lleva a cabo sus intrigas.

⁸ Deja la ira y abandona el furor; No te irrites, sólo harías lo malo.

⁹ Porque los malhechores serán exterminados, pero los que esperan en el Señor poseerán la tierra.

¹⁰ Un poco más y no existirá el impío; Buscarás con cuidado su lugar, pero él no estará allí.

¹¹ Pero los humildes poseerán la tierra Y se deleitarán en abundante prosperidad.

• Discute lo que aprendiste en los versículos 6-8.

• En el versículo 9 la palabra *pero* es utilizada para mostrar que existe un contraste. El contraste es entre los que hacen el mal y los que esperan en el Señor. ¿Qué aprendiste acerca de cada uno de estos grupos?

• En los versículos 10-11 vemos otro contraste. Discute ese contraste y lo que te revela acerca de los humildes.

• ¿Qué aprendiste acerca de los que poseerán la tierra?

• ¿Cómo se relaciona esto con lo que hemos visto hasta ahora en esta lección?

OBSERVA

Los hermanos de José habían planeado su muerte y luego lo vendieron como esclavo. Años después, José era el segundo al mando en Egipto, cuando sus hermanos se presentaron ante él. Veamos cómo trató con ellos.

Líder: Lee Génesis 50:19-20 en voz alta. Pide al grupo que...

- *Marque cada referencia a **José**, incluyendo pronombres, con una **J**.*
- *Marque cada referencia a **Dios** con un triángulo:* △

Génesis 50:19-20

[19] Pero José les dijo: "No teman, ¿acaso estoy yo en lugar de Dios?

[20] Ustedes pensaron hacerme mal, pero Dios lo cambió en bien para que sucediera como vemos hoy, y se preservara la vida de mucha gente.

DISCUTE

- José sufrió tremendamente en mano de sus hermanos, sin embargo ¿cómo respondió ante ellos?

- ¿Cómo fue capaz de hacer esto?

- ¿Cómo se comparan sus acciones con lo que viste en Salmos 37:7?

- Al mirar la soberanía de Dios, más allá de las acciones de sus hermanos, José fue capaz de elegir la mansedumbre en lugar de la ira. El ser manso no es debilidad; ¡es tener el poder bajo control! Y tú, ¿estás caminando en mansedumbre?

Santiago 1:19-21

¹⁹ Esto lo saben, mis amados hermanos. Pero que cada uno sea pronto para oír, tardo para hablar, tardo para la ira;

²⁰ pues la ira del hombre no obra la justicia de Dios.

²¹ Por lo cual, desechando toda inmundicia y todo resto de malicia, reciban ustedes con humildad (mansedumbre) la palabra implantada, que es poderosa para salvar sus almas.

OBSERVA

Revisemos los siguientes pasajes para ver qué más podemos aprender acerca de la humildad.

Líder: Lee Santiago 1:19-21 y 1 Pedro 3:3-4. Pide al grupo que...

- *Encierre en un círculo cada vez que aparezca la palabra **ira**.*
- *Dibuje una línea ondulada bajo las palabras **humilde** y **tierno**.*
- *Marque las palabras **por tanto** con una flecha, como ésta:* ➡

DISCUTE

- ¿Qué aprendiste al marcar *ira* en Santiago 1:20?

- ¿Qué indican las palabras *por tanto* en el versículo 21, y por qué?

1 Pedro 3:3-4

³ Que el adorno de ustedes no sea el externo: peinados ostentosos, joyas de oro o vestidos lujosos,

- 1 Pedro 3:3-4 se dirige a las esposas. Según estos versículos, ¿cómo debería adornarse una mujer?

⁴ sino que sea lo que procede de lo íntimo del corazón, con el adorno incorruptible de un espíritu tierno y sereno,

- Para ponerlo de otra manera, ¿cuál de estos adornos es precioso para Dios?

lo cual es precioso delante de Dios.

- Tomando en cuenta todo lo que has aprendido hasta ahora, discute cómo se demostraría un espíritu humilde y tierno en el comportamiento de una esposa.

Gálatas 5:22-23

²² Pero el fruto del Espíritu es amor, gozo, paz, paciencia, benignidad, bondad, fidelidad,

²³ mansedumbre, dominio propio; contra tales cosas no hay ley.

OBSERVA

¿De dónde viene la mansedumbre?

Líder: Lee Gálatas 5:22-23 en voz alta.
Pide al grupo que...
- *Dibuje una forma de nube como ésta alrededor de* **Espíritu.**
- *Dibuje una línea ondulada bajo la palabra* **mansedumbre.**

DISCUTE
- ¿De dónde viene la mansedumbre? ¿Es algo que tenemos que estimular? Explica tu respuesta.

Gálatas 6:1

Hermanos, aun si alguien es sorprendido en alguna falta, ustedes que son espirituales, restáurenlo en un espíritu de mansedumbre, mirándote a ti mismo, no sea que tú también seas tentado.

OBSERVA

¿Cómo debemos demostrar mansedumbre en nuestro trato con los demás?

Líder: Lee Gálatas 6:1 y 2 Timoteo 2:24-26 en voz alta.
- *Pide al grupo que diga en voz alta y dibuje una línea ondulada bajo la palabra* **mansedumbre.**

DISCUTE

- ¿Con qué problema similar tratan estos dos pasajes?

- Discute lo que aprendiste acerca del rol de la mansedumbre al disciplinar a los demás. ¿Cómo puedes aplicar esto de manera práctica con hermanos creyentes? ¿Con los niños? ¿Con los perdidos?

- No importa cuán horrible sea el pecado o cuán fuertes las trampas de Satanás, ¿qué debe caracterizar nuestra corrección de los demás? Incluso si estás enojado por el pecado de otro, ¿cómo debes responder?

- ¿Por qué es tan importante responder así? Explica tu respuesta.

2 Timoteo 2:24-26

24 El siervo del Señor no debe ser rencilloso, sino amable para con todos, apto para enseñar, sufrido.

25 Debe reprender tiernamente a los que se oponen, por si acaso Dios les da el arrepentimiento que conduce al pleno conocimiento de la verdad,

26 y volviendo en sí, escapen del lazo del diablo, habiendo estado cautivos de él para hacer su voluntad.

Números 12:1-13

¹ Entonces Miriam y Aarón hablaron contra Moisés por causa de la mujer Cusita con quien se había casado, pues se había casado con una mujer Cusita;

² y dijeron: "¿Es cierto que el Señor ha hablado sólo mediante Moisés? ¿No ha hablado también mediante nosotros?" Y el Señor lo oyó.

³ Moisés era un hombre muy humilde, más que cualquier otro hombre sobre la superficie de la tierra.

⁴ Y el Señor de repente les dijo a Moisés, a Aarón y a Miriam: "Salgan ustedes tres a la tienda

OBSERVA

Mientras Moisés guiaba a los israelitas en el desierto, el pueblo fue atacado por una terrible plaga; entonces, el hermano mayor y la hermana de Moisés, Aarón y Miriam, desafiaron su liderazgo. ¿Cómo respondió él?

Líder: Lee Números 12:1-13 en voz alta.
Pide al grupo que...
* *Encierre en un círculo cada referencia a **Moisés**, incluyendo pronombres.*
* *Dibuje una línea ondulada bajo la palabra **humilde**.*

DISCUTE
* ¿Qué aprendiste acerca de Moisés en este pasaje?

• ¿Qué puedes encontrar en el texto acerca de la respuesta de Moisés a sus acusaciones? ¿Qué te sugiere esto sobre su carácter?

• ¿Cómo respondió Dios?

• ¿Qué aprendiste acerca de la mansedumbre de Moisés en el versículo 13?

de reunión." Y salieron los tres.

5 Entonces el SEÑOR descendió en una columna de nube y se puso a la puerta de la tienda; y llamó a Aarón y a Miriam. Y cuando los dos se adelantaron,

6 El dijo: "Oigan ahora Mis palabras: Si entre ustedes hay profeta, yo, el SEÑOR, me manifestaré a él en visión. Hablaré con él en sueños.

7 No así con Mi siervo Moisés; En toda Mi casa él es fiel.

8 Cara a cara hablo con él, Abiertamente y no en dichos oscuros, y él contempla la imagen del SEÑOR.

¿Por qué, pues, no temieron hablar contra mi siervo, contra Moisés?"

⁹ Y se encendió la ira del SEÑOR contra ellos, y El se fue.

¹⁰ Pero cuando la nube se retiró de sobre la tienda, vieron que Miriam estaba leprosa, blanca como la nieve. Y cuando Aarón se volvió hacia Miriam, vio que estaba leprosa.

¹¹ Entonces Aarón dijo a Moisés: "Señor mío, te ruego que no nos cargues este pecado, en el cual hemos obrado neciamente y con el cual hemos pecado.

¹² No permitas que ella sea como quien nace muerto, que cuando sale

- ¿Alguna vez has sido atacado o acusado injustamente? ¿Cómo respondiste?

- Teniendo en mente todo lo que has aprendido esta semana, ¿cómo deberías responder en el futuro?

- Si puedes, comparte con el grupo un incidente en el que elegiste responder en mansedumbre a las acciones de otro. ¿Cómo lo manejaste? ¿Cuál fue el resultado?

del vientre de su madre su carne ya está medio consumida."

¹³ Y Moisés clamó al SEÑOR y dijo: "Oh Dios, sánala ahora, Te ruego."

OBSERVA

"Bienaventurados los humildes, porque ellos poseerán la tierra". Ya hemos visto lo que significa ser humilde, ahora veamos la herencia de los que son humildes.

Líder: *Lee Salmos 37:22, 29 y 34 en voz alta. Pide al grupo que…*
- *Encierre en un círculo todas las referencias a los **justos**, incluyendo sinónimos y pronombres.*
- *Subraye la frase **poseerán la tierra**.*

DISCUTE

- ¿Qué aprendiste acerca de los justos?

Salmos 37:22, 29, 34

²² Porque los que son bendecidos por el SEÑOR poseerán la tierra, pero los maldecidos por El serán exterminados.

²⁹ Los justos poseerán la tierra, y para siempre morarán en ella.

³⁴ Espera en el SEÑOR y guarda Su camino, y El te exaltará para que poseas la tierra. cuando los impíos sean exterminados, tú lo verás.

Romanos 8:16-17

¹⁶ El Espíritu mismo da testimonio a nuestro espíritu de que somos hijos de Dios.

¹⁷ Y si somos hijos, somos también herederos; herederos de Dios y coherederos con Cristo, si en verdad padecemos con El a fin de que también seamos glorificados con El.

OBSERVA

Veamos un pasaje paralelo al Salmo 37 en el Nuevo Testamento.

Líder: Lee Romanos 8:16-17 en voz alta.
Pide al grupo que...

- *Encierre el pronombre **nuestro** y las inferencias verbales que se refieran a los **creyentes**.*
- *Marque las palabras **herederos** y **coherederos** con una **H**.*

DISCUTE

- ¿Qué aprendiste acerca de los creyentes?

- ¿De qué son herederos? ¿Qué significa eso?

OBSERVA

En el libro de Apocalipsis, Juan escribió acerca de un cántico en el cielo cantado en alabanza del Cordero que fue inmolado.

Líder: Lee Apocalipsis 5:9-10 en voz alta.
Pide al grupo que...
- *Marque todos los pronombres que se refieren a Jesús con una cruz:* ┼
- *Encierre en un círculo cada referencia a la gente, incluyendo los pronombres.*

DISCUTE
- ¿Qué aprendiste al marcar las referencias a Jesús?

- ¿Qué aprendiste acerca de los que fueron comprados con Su sangre?

Apocalipsis 5:9-10

9 Y cantaban un cántico nuevo, diciendo: "Digno eres de tomar el libro y de abrir sus sellos, porque Tú fuiste inmolado, y con Tu sangre compraste (redimiste) para Dios a gente de toda tribu, lengua, pueblo y nación.

10 Y los has hecho un reino y sacerdotes para nuestro Dios; y reinarán sobre la tierra."

FINALIZANDO

Un caballo que ha aprendido a aceptar la dirección de su amo es una buena ilustración del poder bajo control – la definición de mansedumbre. De manera similar, nunca seremos real y bíblicamente mansos hasta que hayamos rendido toda nuestra voluntad a la de Dios. Para ponerlo de otra manera, la fuerza sin control conduce al caos, al igual que un río que se desborda produce una inundación. Pero la mansedumbre puede verse en ese mismo río canalizándolo a través de una represa, moviendo turbinas y creando electricidad.

La mansedumbre comienza rindiendo el control incondicionalmente a Dios. ¿Alguna vez has entregado tu voluntad a Dios? ¿Alguna vez has clamado a Él diciendo, *No se haga mi voluntad, sino la Tuya*? Cuando así lo haces, la mansedumbre se vuelve algo que Él pone en ti, y no algo que tú debes producir por ti mismo.

El error que cometemos muy a menudo es tratar de vivir la vida cristiana bajo nuestros términos, en nuestras fuerzas, sin rendirnos incondicionalmente. Entonces vemos la *mansedumbre* como una ley a ser obedecida, una limitación forzada en nuestro comportamiento, en lugar de una cualidad de carácter que Dios está trabajando en nuestras vidas.

¿Tú cómo estás? ¿Puedes ver la mansedumbre, el poder bajo control, evidenciada en tu vida? ¿O está tu vida caracterizada por explosiones de ira o patética bondad que nunca se enoja por nada? Ambos extremos hierran al blanco. Los cristianos deben ser mansos, demostrando poder bajo el control de Dios.

Bienaventurados los humildes, porque ellos poseerán la tierra. Nosotros somos herederos de Dios, coherederos con Cristo. Nosotros heredaremos lo que Él herede: el mundo entero. Seremos un reino de sacerdotes que reinaremos en la tierra con Él. ¿Verdad que esto es maravilloso?

Dedica un tiempo en oración. Considera esto… ¿necesitas rendir tu voluntad a Dios y ser contado entre los que son bienaventurados?

Justicia... esta sola palabra puede ponernos un poco incómodos; es una palabra que no utilizamos muy a menudo. De alguna forma la *justicia* pareciera fuera de lugar en nuestra cultura. Pero, ¿debería ser esto así?

Ya hemos aprendido que Jesús utilizó algunas palabras de manera diferente de lo que usualmente pensamos. Esta semana estudiaremos las dos siguientes bienaventuranzas que tratan con la justicia y la misericordia. Puede que te sorprendas mucho con lo que verás.

OBSERVA

Líder: Lee Mateo 5:6 en voz alta. Pide al grupo que diga en voz alta y...

- *Dibuje un rectángulo alrededor de la palabra* ***bienaventurados:*** ☐
- *Marque la palabra justicia con una **J**.*

Mateo 5:6

Bienaventurados los que tienen hambre y sed de justicia, pues ellos serán saciados.

DISCUTE

- ¿Quién es bienaventurado, según este versículo?

- ¿Qué bendición específica se promete aquí?

ACLARACIÓN

La palabra para *justicia* en el griego es utilizada para describir lo que es justo y correcto en sí mismo y por lo tanto lo que es conforme a la voluntad revelada de Dios.

Hambre y *sed* son necesidades corporales que deben ser satisfechas. La vida no se puede sostener simplemente con una comida y el ocasional sorbo de agua; más bien, la ingesta continua de alimento y agua es un hábito de vida. Así también, el hambre y la sed de justicia implican una necesidad que debe ser satisfecha, sin importar el costo.

Estar *saciado* es tener un profundo contentamiento interno.

• Discute qué te dice la elección de Jesús de las palabras *hambre* y *sed* con respecto a los deseos de un verdadero creyente.

- ¿Estás saciado? Si no, ¿podría ser que tienes hambre de cosas equivocadas? ¿Estás buscando la satisfacción en lugares inapropiados?

OBSERVA

Líder: Lee Juan 7:37-38 en voz alta.
- *Pide al grupo que subraye la frase si alguno tiene sed.*

DISCUTE

- ¿Qué aclaración te dan estos versículos con respecto al hambre y sed de justicia? ¿Qué puede satisfacer esa necesidad?

Juan 7:37-38

37 En el último día, el gran día de la fiesta, Jesús puesto en pie, exclamó en alta voz: "Si alguien tiene sed, que venga a Mí y beba.

38 El que cree en Mí, como ha dicho la Escritura: 'De lo más profundo de su ser brotarán ríos de agua viva.'"

- Piensa un poco. ¿Qué es aquello que absolutamente deberías tener? ¿De qué tienes hambre? ¿Sed?

• ¿Hay algo en tu vida que pueda arruinar tu apetito de justicia? Medita en ello y sé tan específico como sea posible. Si quieres hacerlo, comparte con la clase lo que Dios te está mostrando.

• ¿Cómo se vería impactado el mundo si todos los creyentes estuvieran deseosos de la justicia de Dios? ¿Y si todos realmente desearan vivir la vida como Dios quiere que la vivan?

Mateo 6:31-33

³¹ "Por tanto, no se preocupen, diciendo: '¿Qué comeremos?' o '¿qué beberemos?' o '¿con qué nos vestiremos?'

³² Porque los Gentiles (los paganos) buscan ansiosamente todas estas cosas; que el Padre celestial sabe que

OBSERVA

¿Es la satisfacción – ese sentir de profundo contentamiento interno – algo que podemos perseguir como un fin en sí mismo o es producto de algo más?

Líder: Lee Mateo 6:31-33 en voz alta.
Pide al grupo que...

• *Marque cada referencia a el **Padre celestial**, incluyendo pronombres, con un triángulo:* △
• *Marque la palabra justicia con una **J**.*

DISCUTE

• ¿Qué deben buscar los creyentes, y cuál será el resultado?

• ¿Cómo se relaciona esto con la promesa de Jesús de satisfacer a los que tienen hambre y sed de justicia?

ustedes necesitan todas estas cosas.

³³ Pero busquen primero Su reino y Su justicia, y todas estas cosas les serán añadidas.

OBSERVA

¿Cómo puedes estar seguro de que tienes una genuina hambre y sed de justicia?

Líder: *Lee en voz alta Salmos 119:1-8, 40 y 123.*
Pide al grupo que...
• *Dibuje un rectángulo alrededor de la palabra* **bienaventurados.**
• *Encierre en un círculo todos los sinónimos de* **la Palabra de Dios**, *como* **la ley del Señor**, **testimonios, preceptos, estatutos,** *etc.*

DISCUTE

• ¿Qué aprendiste sobre los que son bienaventurados en relación con Dios y Su Palabra?

Salmos 119:1-8, 40, 123

¹ ¡Cuán bienaventurados son los de camino perfecto, Los que andan en la ley del Señor!

² ¡Cuán bienaventurados son los que guardan Sus testimonios, y con todo el corazón Lo buscan!

³ No cometen iniquidad, Sino que andan en Sus caminos.

⁴ Tú has ordenado Tus preceptos, Para que los guardemos con diligencia.

⁵ ¡Ojalá mis caminos
sean afirmados
Para guardar Tus
estatutos!

⁶ Entonces no seré
avergonzado, Al
considerar todos Tus
mandamientos.

⁷ Con rectitud de
corazón Te daré gracias,
Al aprender Tus justos
juicios.

⁸ Tus estatutos guardaré;
No me dejes en
completo desamparo.

⁴⁰ Yo anhelo Tus
preceptos; Vivifícame
por Tu justicia.

¹²³ Desfallecen mis
ojos por Tu salvación
Y por la promesa de Tu
justicia.

- Haz una lista de las maneras en que debemos responder a la Palabra de Dios si queremos ser bienaventurados.

- Según el versículo 40, ¿cuál es la relación del salmista con la Palabra de Dios?

- ¿Qué hay de ti? ¿Son estas actitudes características tuyas?

OBSERVA

Al llegar a la quinta bienaventuranza notarás que algunas de las bienaventuranzas restantes muestran un aspecto horizontal de ser bienaventurado, de la relación entre personas. ¿Cómo responden a los demás quienes son pobres de espíritu, que tienen hambre y sed de justicia?

Mateo 5:7

Bienaventurados los misericordiosos, pues ellos recibirán misericordia.

Líder: Lee Mateo 5:7 en voz alta. Pide al grupo que...
- *Dibuje un rectángulo alrededor de la palabra* **bienaventurados**.
- *Marque las palabras* **misericordiosos** *y* **misericordia** *con una* **M**.

DISCUTE
- ¿Quién será bienaventurado, según este versículo?

- ¿Cuál es la recompensa para aquellos que son misericordiosos?

- ¿Es esta recompensa condicional? Explica tu respuesta.

ACLARACIÓN

Misericordia se refiere a una manifestación externa o a la demostración de compasión.

El concepto de *misericordia* asume dos cosas: primero, que hay una necesidad, y segundo, que tienes la capacidad de suplir esa necesidad.

2 Corintios 1:3

Bendito sea el Dios y Padre de nuestro Señor Jesucristo, Padre de misericordias y Dios de toda consolación,

Efesios 2:4-7

⁴ Pero Dios, que es rico en misericordia, por causa del gran amor con que nos amó,

⁵ aun cuando estábamos muertos en (a causa de) nuestros delitos, nos dio vida juntamente con Cristo (por gracia ustedes han sido salvados),

OBSERVA

¿Dónde se encuentra la misericordia?

Líder: Lee 2 Corintios 1:3 y Efesios 2:4-7 en voz alta. Pide al grupo que...
- *marque cada referencia a **Dios**, incluyendo los sinónimos y pronombres, con un triángulo.*
- *marque las palabras **misericordia** y misericordias con una **M**.*

DISCUTE
- ¿Cómo se describe a Dios en estos pasajes?

- ¿A quién ha demostrado Dios misericordia, según Efesios 2?

- ¿Cómo la demostró?

6 y con El nos resucitó
y con El nos sentó en
los lugares celestiales en
Cristo Jesús,

7 a fin de poder
mostrar en los
siglos venideros las
sobreabundantes
riquezas de Su gracia
por Su bondad para con
nosotros en Cristo Jesús.

OBSERVA

Ya que hemos recibido la maravillosa misericordia de Dios, ¿cómo deberíamos responder a quienes nos rodean que son difíciles de tratar?

Líder: Lee Lucas 6:35-36 en voz alta. Pide al grupo que...

- *Marque con un triángulo cada sinónimo y pronombre que se refiere a **Dios**.*
- *Marque la palabra **misericordioso** con una M.*

Lucas 6:35-36

35 Antes bien, amen
a sus enemigos,
y hagan bien, y
presten no esperando
nada a cambio, y
su recompensa será
grande, y serán hijos del
Altísimo; porque El es
bondadoso para con los
ingratos y perversos.

³⁶ Sean ustedes misericordiosos, así como su Padre es misericordioso.

DISCUTE
• ¿Cómo deben los creyentes tratar a sus enemigos?

• ¿El ejemplo de Quién estamos siguiendo?

Mateo 9:9-13

⁹ Cuando Jesús se fue de allí, vio a un hombre llamado Mateo, sentado en la oficina de los tributos, y le dijo: "¡Ven tras Mí!" Y levantándose, Lo siguió.

¹⁰ Y estando El sentado a la mesa en la casa, muchos recaudadores de impuestos y pecadores llegaron y se sentaron a la mesa con Jesús y Sus discípulos.

¹¹ Cuando los Fariseos vieron esto, dijeron a

OBSERVA
Líder: Lee Mateo 9:9-13, 12:7 y 23:23 en voz alta.
• *Pide al grupo que diga en voz alta y marque cada referencia a **misericordia** con una M.*

DISCUTE
• ¿Qué aprendiste al marcar *misericordia*?

- ¿Qué papel juega la misericordia en tu vida?

Sus discípulos: "¿Por qué come su Maestro con los recaudadores de impuestos y pecadores?"

[12] Al oír Jesús esto, dijo: "Los que están sanos no tienen necesidad de médico, sino los que están enfermos.

- ¿De qué maneras prácticas puedes mostrar misericordia a los demás?

[13] Pero vayan, y aprendan lo que significa: 'Misericordia quiero y no sacrificio'; porque no he venido a llamar a justos, sino a pecadores."

- ¿Está Dios más complacido por nuestros gestos de adoración o por nuestro trato misericordioso hacia los demás? Explica tu respuesta.

Mateo 12:7

Pero si ustedes hubieran sabido lo que esto significa: 'Misericordia (compasión) quiero y no sacrificio,' no hubieran condenado a los inocentes.

Mateo 23:23

¡Ay de ustedes, escribas y Fariseos, hipócritas que pagan el diezmo de la menta, del anís y del comino, y han descuidado los preceptos más importantes de la ley: la justicia, la misericordia y la fidelidad! Estas son las cosas que debían haber hecho, sin descuidar aquéllas.

• Describe un momento cuando otro creyente te trató con misericordia. ¿Cómo transformó eso una situación difícil?

FINALIZANDO

Dos características de un cristiano son la pasión por la justicia y la compasión por los demás. ¿Te describe esto a ti? ¿Estás tan apasionado por la justicia que consume tus pensamientos? Si no es así, ¿por qué? ¿Tu pasión por una buena relación con Dios se traduce en compasión por los demás?

Estudiar las Bienaventuranzas puede ser algo doloroso. Para la mayoría de nosotros, hay una brecha entre quienes somos en realidad y quienes deberíamos ser como seguidores de Jesús. Algunos podríamos decir que tenemos una relación con Dios, pero no nos atreveríamos a decir que tenemos sed de justicia. Podríamos decir que somos misericordiosos, ¿pero realmente le mostramos compasión a los que necesitan nuestra ayuda?

Si el Espíritu te ha dicho que tu vida no se ve como la descripción dada por Jesús en estos versículos iniciales de Su Sermón del Monte, aquí hay algunas sugerencias para una mejoría espiritual.

1. **Ríndete.** Comienza con una rendición incondicional de tu voluntad a la voluntad de Dios. En oración, entrega tu voluntad al Padre. Podrías orar diciendo "Padre, no se haga mi voluntad sino la Tuya".

2. **Haz de tu vida espiritual una prioridad.** Como parte de tu rendición, dile a Dios que lo buscarás diariamente. Haz que el pasar tiempo en la Palabra de Dios sea una prioridad diaria en tu vida. En Ministerios Precepto tenemos algunos estudios bíblicos excelentes que te ayudarán a establecerte en la Palabra de Dios.

3. **Imita a las personas que son buenos seguidores de Cristo.** Busca en tu iglesia personas que te ayuden. Lee las biografías de cristianos piadosos. El ver la pasión en sus vidas aumentará también la pasión en la tuya.

4. **Pídele a Dios** que te de una pasión, un hambre, una sed apasionada por justicia, y compasión por los demás.

QUINTA SEMANA

Los pobres de espíritu, los que lloran, los humildes, los que tienen hambre y sed de justicia y los misericordiosos—son los bienaventurados de Dios. Esta lista parece sencilla y apropiadamente religiosa. Pero, como hemos visto, la realidad que Jesús describió en las Bienaventuranzas no se refería a una religiosidad externa y auto impuesta. Sus palabras nos llaman a una vida radical y sobrenatural, una vida que solo puede ser vivida con la presencia del Espíritu Santo morando en nosotros.

Y esta lección no es diferente. Así que prepárate para ser desafiado a medida que estudiamos lo que significa ser puro de corazón y ser un pacificador.

OBSERVA

Líder: Lee en voz alta Mateo 5:8. Pide al grupo que diga en voz alta y...

- *Dibuje un rectángulo alrededor de la palabra* **bienaventurados:** [_____]

- *Marque la frase* **limpio corazón** *con un corazón:* ♡

Mateo 5:8

Bienaventurados los de limpio corazón, pues ellos verán a Dios.

DISCUTE

- ¿Quién es bienaventurado, según este versículo?

- ¿Qué le espera a los que son de limpio corazón?

Romanos 3:10-12

¹⁰ Como está escrito: "No hay justo, ni aun uno;

¹¹ no hay quien entienda, no hay quien busque a Dios.

¹² Todos se han desviado, a una se hicieron inútiles; no hay quien haga lo bueno, no hay ni siquiera uno.

OBSERVA

¿Ser de limpio corazón es tan solo asunto de ser una buena persona?

Líder: Lee Romanos 3:10-12 en voz alta. Pide al grupo que...
- *Marque **Dios** con un triángulo:* △
- *Encierre en un círculo cada vez que aparezca la frase **no hay**.*

DISCUTE
- ¿Qué aprendiste al marcar la frase *no hay*?

- ¿Quién busca a Dios?

- Si esa es la condición de la humanidad sin Cristo, ¿qué te dice eso acerca de la condición de nuestro corazón?

OBSERVA

Jesús dijo que los de limpio corazón verán a Dios. Pero a la luz de lo que acabamos de leer, la pregunta es: ¿cómo obtenemos un corazón limpio?

Líder: *Lee en voz alta Jeremías 31:33, Ezequiel 36:26-27 y Hebreos 10:22. Pide al grupo que…*

- *Marque cada referencia a* ***Dios,*** *incluyendo sinónimos y pronombres, con un triángulo:* △
- *Marque* ***corazón*** *con un corazón:* ♡
- *Dibuje una línea ondulada bajo la palabra* ***purificado****:* 〰

DISCUTE

- Discute lo que aprendiste al marcar *Dios* y *corazón.*

- Tan solo para que no lo pases por alto, ¿qué recibimos al entrar al nuevo pacto, en esta nueva relación con Dios?

- ¿Qué aprendiste acerca de nuestros corazones en Hebreos 10:22?

Jeremías 31:33

"Porque éste es el pacto que haré con la casa de Israel después de aquellos días," declara el SEÑOR. "Pondré Mi ley dentro de ellos, y sobre sus corazones la escribiré. Entonces Yo seré su Dios y ellos serán Mi pueblo.

Ezequiel 36:26-27

26 Además, les daré un corazón nuevo y pondré un espíritu nuevo dentro de ustedes; quitaré de su carne el corazón de piedra y les daré un corazón de carne.

27 Pondré dentro de ustedes Mi espíritu y haré que anden en Mis estatutos, y que cumplan cuidadosamente Mis ordenanzas.

Hebreos 10:22

Acerquémonos con corazón sincero (verdadero), en plena certidumbre de fe, teniendo nuestro corazón purificado de mala conciencia y nuestro cuerpo lavado con agua pura.

Efesios 5:25-26

²⁵ Maridos, amen a sus mujeres, así como Cristo amó a la iglesia y se dio El mismo por ella,

²⁶ para santificarla, habiéndola purificado por el lavamiento del agua con la palabra.

Juan 17:17

Santifícalos en la verdad; Tu palabra es verdad.

• Si eres creyente, ¿el conocimiento de esta verdad, cómo afecta la manera en que vives?

• ¿Estás caminando en los estatutos de Dios? ¿Tu corazón ya ha sido purificado? Explica tu respuesta.

OBSERVA

Habiendo sido purificado de una conciencia malvada, por medio de la sangre de Jesucristo, ¿cómo te mantienes limpio? ¿Cómo puedes evitar que tu corazón se manche de nuevo?

Líder: Lee Efesios 5:25-26 y Juan 17:17 en voz alta. Pide al grupo que...
 • *Subraye con doble línea cada vez que aparezcan las palabras **palabra** y **verdad**.*
 • *Dibuje una línea ondulada bajo las palabras **purificado**, **santificarla** y **santifícalos**.*

ACLARACIÓN
Santificar es la acción de separar algo como santo.

DISCUTE

- Según Efesios 5:25-26, ¿cómo santifica Jesús a la iglesia?

- ¿Qué le pidió Jesús al Padre en Juan 17:17?

- ¿Cuál es la conexión entre la santificación – o purificación – y la Palabra?

- ¿Qué te dice esto acerca de tu necesidad de pasar tiempo en la Biblia consistentemente?

OBSERVA

Líder: Lee 1 Juan 1:9 en voz alta. Pide al grupo que...
- *Marque con una línea inclinada como ésta cada mención de **pecados** y **maldad**.* /
- *Dibuje una línea ondulada bajo la palabra* ***limpiarnos***.

1 Juan 1:9

Si confesamos nuestros pecados, El es fiel y justo para perdonarnos los pecados y para limpiarnos de toda maldad (iniquidad).

DISCUTE

- Según lo que viste en este versículo, a más de pasar tiempo en la Palabra de Dios, ¿hay alguna otra manera para ser limpios?

- ¿Quién hace la limpieza?

ACLARACIÓN

Confesar significa "decir la misma cosa, hablar la misma palabra". En otras palabras, confesar nuestros pecados significa estar de acuerdo con Dios que lo que hemos hecho es pecado.

- Según lo que has visto hasta ahora, ¿cuáles son las dos cosas que podrían impedir que alguien tuviera una relación íntima con Dios? Explica tu respuesta.

OBSERVA

Líder: *Lee Salmos 24:1-6 en voz alta. Pide al grupo que diga en voz alta y...*

- *Dibuje una línea ondulada bajo las palabras* **limpias y puro.**
- *Dibuje un rectángulo alrededor de la palabra* **bendición.**

DISCUTE

- ¿Quién subirá al monte del Señor o estará en Su lugar santo? ¿Cómo es descrita esta persona?

- ¿Cuál es la implicación de la frase manos limpias? ¿corazón puro?

- Según el versículo 5, ¿qué recibirá la persona que tiene manos limpias y corazón puro?

Salmos 24:1-6

¹ Del Señor es la tierra y todo lo que hay en ella, El mundo y los que en él habitan.

² Porque El la fundó sobre los mares, y la asentó sobre los ríos.

³ ¿Quién subirá al monte del Señor? ¿Y quién podrá estar en Su lugar santo?

⁴ El de manos limpias y corazón puro, El que no ha alzado su alma a la falsedad Ni jurado con engaño.

⁵ Ese recibirá bendición del Señor, y justicia del Dios de su salvación.

⁶ Tal es la generación de los que Lo buscan,

De los que buscan Tu
rostro, como Jacob.

(Selah)

• ¿Qué hay de ti? ¿Puedes estar frente al Señor con manos limpias y corazón puro? Si no es así, ¿qué pasos tienes que seguir para poder hacerlo?

Mateo 5:9

Bienaventurados los que procuran la paz, pues ellos serán llamados hijos de Dios.

OBSERVA

Líder: Lee Mateo 5:9 en voz alta. Pide al grupo que...

• *Dibuje un rectángulo alrededor de la palabra **bienaventurados**.*
• *Marque la frase **los que procuran la paz** con una P.*

DISCUTE

• ¿Quién es bienaventurado, según Mateo 5:9?

• ¿Qué se les promete?

OBSERVA

¿Cómo es alguien que procura la paz?

Líder: *Lee en voz alta Colosenses 1:19-22.*

- *Pide al grupo que diga en voz alta y ponga un visto como éste* ✓ *sobre cada referencia a* ***reconciliar y paz.***

DISCUTE

- ¿Quién reconcilió en este pasaje?

- ¿Cuál era el estado de la humanidad antes de que fuésemos reconciliados?

- ¿Cómo fue posible la reconciliación y la paz?

Colosenses 1:19-22

[19] Porque agradó al Padre que en El habitara toda la plenitud (de la Deidad),

[20] y por medio de El reconciliar todas las cosas consigo, habiendo hecho la paz por medio de la sangre de Su cruz, por medio de El, repito, ya sean las que están en la tierra o las que están en los cielos.

[21] Y aunque ustedes antes estaban alejados y eran de ánimo hostil, ocupados en malas obras,

[22] sin embargo, ahora Dios los ha reconciliado en Cristo en Su cuerpo de carne, mediante Su muerte, a fin de presentarlos santos, sin mancha e irreprensibles delante de El.

Romanos 5:10-11

¹⁰ Porque si cuando éramos enemigos fuimos reconciliados con Dios por la muerte de Su Hijo, mucho más, habiendo sido reconciliados, seremos salvos por Su vida.

¹¹ Y no sólo esto, sino que también nos gloriamos en Dios por medio de nuestro Señor Jesucristo, por quien ahora hemos recibido la reconciliación.

OBSERVA

En este próximo pasaje vemos a Pablo explicando más acerca de cómo los creyentes han sido salvados de la ira de Dios.

Líder: Lee Romanos 5:10-11 en voz alta.
- *Pide al grupo que diga en voz alta y ponga un visto como éste ✓ sobre cada ocurrencia de las palabras reconciliados y reconciliación.*

DISCUTE

- ¿Cómo éramos antes de que Dios nos reconciliara, antes que Él quitara la hostilidad entre nosotros y Él?

- ¿Cómo fuimos reconciliados con Dios?

- ¿A través de quién recibimos esta reconciliación?

OBSERVA

¿Qué te hace a ti un pacificador? Primero, es el tener paz con Dios. Pero veamos qué más involucra ser alguien que procura la paz.

Líder: Lee Romanos 12:16-18 y 1 Tesalonicenses 5:12-13 en voz alta. Pide al grupo que...

- *Encierre el pronombre **ustedes**, incluyendo los sinónimos e inferencias verbales, que se refieran a **los creyentes** en este pasaje.*
- *Dibuje un visto sobre cada referencia a la **paz**.*

DISCUTE

- ¿Cómo deben caracterizarse los creyentes?

- ¿Qué aprendiste acerca de la paz en este pasaje?

Romanos 12:16-18

16 Tengan el mismo sentir (pensar) unos con otros. No sean altivos en su pensar, sino condescendiendo con los humildes. No sean sabios en su propia opinión.

17 Nunca paguen a nadie mal por mal. Respeten (Consideren) lo bueno delante de todos los hombres.

18 Si es posible, en cuanto de ustedes dependa, estén en paz con todos los hombres.

1 Tesalonicenses 5:12-13

12 Pero les rogamos hermanos, que reconozcan (honren) a los que con diligencia trabajan entre ustedes, y los dirigen en el

Señor y los instruyen (amonestan),

¹³ y que los tengan en muy alta estima con amor, por causa de su trabajo. Vivan en paz los unos con los otros.

ACLARACIÓN

El verbo griego utilizado en la frase *vivan en paz* sugiere una condición o acción continua. Se ordena a los creyentes a vivir continuamente en paz los unos con los otros. La idea es de mantener la paz, en lugar de querer iniciarla.

- ¿Estás procurando la paz? ¿Estás haciendo todo lo que puedes para mantener la paz en tu familia? ¿en tu iglesia? ¿con tus vecinos?

Mateo 5:22-24

²² Pero Yo les digo que todo aquél que esté enojado con su hermano será culpable ante la corte; y cualquiera que diga: 'Insensato (Inútil)' a su hermano, será culpable ante la corte suprema (el Sanedrín); y cualquiera que diga:

OBSERVA

Veamos lo que Jesús dijo acerca de vivir en paz con los demás.

Líder: Lee Mateo 5:22-24 en voz alta. Pide al grupo que...
- *Encierre los pronombres e inferencias verbales que se refieran a los **seguidores de Jesús**.*
- *Dibuje un visto sobre la palabra **reconcíliate**.*

Quinta Semana | 79

DISCUTE

- Discute este pasaje y cómo se relaciona con lo que hemos venido aprendiendo.

- Si sabes que un hermano o hermana en Cristo tiene algo contra ti, ¿cuál es tu responsabilidad como pacificador?

- ¡Bienaventurados son los que procuran la paz! ¿Eres bienaventurado porque estás procurando la paz en el cuerpo?

- ¿Cuál es la recompensa para el pacificador?

'Idiota,' será merecedor del infierno de fuego.

23 "Por tanto, si estás presentando tu ofrenda en el altar, y allí te acuerdas que tu hermano tiene algo contra ti,

24 deja tu ofrenda allí delante del altar, y ve, reconcíliate primero con tu hermano, y entonces ven y presenta tu ofrenda.

ACLARACIÓN

Según la tradición judía, la palabra *hijo* tiene la idea de alguien que tiene las mismas características del padre.

- ¿A quién te pareces cuando estás procurando la paz? ¿Cómo se traduce eso en las vidas de aquellos que Dios ha traído a tu vida?

FINALIZANDO

Bienaventurados de Dios son los de limpio corazón y los que procuran la paz. Tal vez estas dos características fueron puestas juntas por Jesús a propósito. Un corazón limpio no es simplemente uno que no tiene pecado; es un corazón que es tanto libre de pecado como también abnegado. Un corazón limpio brilla como una luz en la oscuridad. En otras palabras, para procurar la paz, necesitas un corazón limpio; y alguien que tiene un corazón limpio será un pacificador.

Los mejores pacificadores son hombres y mujeres que están en paz con Dios. Cuando Dios cambia un corazón y nos limpia de nuestro egoísmo, de nuestro egocentrismo, es entonces cuando podemos mostrar el amor de Dios a un mundo caótico y ser verdaderos pacificadores. Es cuando nuestras prioridades han sido transformadas.

Alguien cuya vida ha cambiado, cuyo corazón es limpio, debería vivir una vida caracterizada por ser un *pacificador*. ¿Estás viviendo en paz con las personas que Dios trae a tu círculo de influencia? En ocasiones, Dios trae a nuestra vida personas para que podamos influenciarlas en el nombre de Cristo. ¿Estás ayudando a los enemigos de Dios a ver su necesidad de reconciliarse con Él? ¿Qué hay acerca de las actitudes y comportamientos para con los hermanos y hermanas en Cristo?

Termina la lección de esta semana con un tiempo en oración, pidiéndole a Dios que te muestre…

- Cualquier suciedad en tu vida, cualquier cosa en que estés involucrado o a la que te estés aferrando que necesites limpiar.
- Cualquier área donde no estés caminando como alguien que procura la paz. Si Él te revela algo, cualquier cosa…
- Confiésalo como pecado.

- Pide a Dios que te perdone.
- Pide a Dios que te de un corazón limpio.

Escudríñame, oh Dios, y conoce mi corazón;
Pruébame y conoce mis inquietudes.
Y ve si hay en mí camino malo,
Y guíame en el camino eterno. (Salmos 139:23-24)

Una vida radical y llena del Espíritu va a sobresalir en este mundo; al igual que fácilmente se divisa una luz brillando en la oscuridad.

El tipo de vida que Jesús describe en las Bienaventuranzas sin duda alguna atraerá la atención en este mundo – y no toda esa atención será positiva. Este mundo no te amará. Pero anímate: tienes buena compañía. El mundo también persiguió a Jesús.

OBSERVA

Líder: Lee en voz alta Mateo 5:10-12. Pide al grupo que diga en voz alta y...

- *Dibuje un rectángulo alrededor de la palabra* **bienaventurados:** ☐
- *Marque la palabra* **perseguidos** *con una línea como ésta:* /w\/

DISCUTE

- ¿Quién es bienaventurado, según estos versículos?

- ¿Por qué están siendo perseguidos?

- ¿Qué forma toma esa persecución?

- ¿La persecución a los que son seguidores de Dios es algo nuevo, según estos versículos?

Mateo 5:10-12

¹⁰ "Bienaventurados aquellos que han sido perseguidos por causa de la justicia, pues de ellos es el reino de los cielos.

¹¹ "Bienaventurados serán cuando los insulten y persigan, y digan todo género de mal contra ustedes falsamente, por causa de Mí.

¹² Regocíjense y alégrense, porque la recompensa de ustedes en los cielos es grande, porque así persiguieron a

los profetas que fueron antes que ustedes.

• ¿Cuál será la recompensa de los que son perseguidos por su compromiso con la justicia?

Filipenses 1:27-30

²⁷ Solamente compórtense de una manera digna del evangelio de Cristo, de modo que ya sea que vaya a verlos, o que permanezca ausente, pueda oír que ustedes están firmes en un mismo espíritu, luchando unánimes por la fe del evangelio.

²⁸ De ninguna manera estén atemorizados por sus adversarios, lo cual es señal de perdición para ellos, pero de salvación para ustedes, y esto, de Dios.

²⁹ Porque a ustedes se les ha concedido por

OBSERVA

Líder: Lee Filipenses 1:27-30 en voz alta. Pide al grupo que...

• *Encierre en un círculo los pronombres **ustedes** y **sus**, incluyendo inferencias verbales, que se refieran a los **creyentes** en este pasaje.*

• *Marque la palabra **sufrir** con una línea como ésta:* 〰️

DISCUTE

• De lo que leíste en el versículo 27, ¿cómo debemos conducirnos a nosotros mismos?

• ¿Qué debemos hacer cuando se nos oponen?

• ¿Cómo debemos responder a nuestros oponentes, según el versículo 28?

• ¿Qué demuestra este tipo de respuesta a nuestros oponentes? ¿A nosotros mismos?

amor de Cristo, no sólo creer en El, sino también sufrir por El,

• Según el versículo 29, dos cosas te han sido dadas por amor de Cristo. ¿Cuáles son?

³⁰ teniendo el mismo conflicto que vieron en mí, y que ahora oyen que está en mí.

• ¿Deberíamos entonces sorprendernos por la persecución? Explica tu respuesta.

OBSERVA

La declaración de Pablo en Filipenses, acerca de la persecución, es lo mismo que Jesús ya había dicho a Sus seguidores. Veamos las palabras del Salvador.

Líder: *Lee Juan 15:18-20 en voz alta. Pide al grupo que…*
• *Dibuje una **X** sobre las palabras **odia** y **odiado**.*
• *Marque las palabras **persiguieron** y **perseguirán** como antes:*

Juan 15:18-20

¹⁸ "Si el mundo los odia, sepan que Me ha odiado a Mí antes que a ustedes.

¹⁹ Si ustedes fueran del mundo, el mundo amaría lo suyo; pero como no son del mundo, sino que Yo los escogí de entre el mundo, por eso el mundo los odia.

²⁰ Acuérdense de la palabra que Yo les dije: 'Un siervo no es mayor que su señor.' Si Me persiguieron a Mí, también los perseguirán a ustedes; si guardaron Mi palabra, también guardarán la de ustedes.

DISCUTE

• ¿Qué aprendiste al marcar *odia* y *odiado*?

• ¿Qué aprendiste al marcar las referencias a la persecución?

1 Tesalonicenses 3:3-4

³ a fin de que nadie se inquiete (se engañe) por causa de estas aflicciones, porque ustedes mismos saben que para esto hemos sido destinados.

⁴ Porque en verdad, cuando estábamos con ustedes les predecíamos que íbamos a sufrir aflicción, y así ha acontecido, como saben.

OBSERVA

Los primeros tres capítulos de Tesalonicenses nos dan un relato de lo que sucedió cuando Pablo fue a Tesalónica a predicar el evangelio. Pablo les enseñó a los nuevos convertidos qué esperar en su nueva vida.

Líder: Lee 1 Tesalonicenses 3:3-4 en voz alta.

• *Pide al grupo que diga en voz alta y marque cada referencia a **aflicción**(es) como antes:*

DISCUTE

• ¿Qué advertencia dio Pablo a los tesalonicenses?

• ¿Tu iglesia enseña esto? ¿Lo crees? ¿Es esto una parte integral de tu testimonio y discipulado?

OBSERVA

Veamos algunas palabras sobre la aflicción de uno de los discípulos que fue testigo de primera mano del sufrimiento de Jesús.

Líder: Lee 1 Pedro 4:12-16 en voz alta. Pide al grupo que...

• *Marque cada referencia a **sufrimiento**, incluyendo sinónimos como **fuego de prueba**, **padecimientos** e **insultados**.*
• *Dibuje un rectángulo alrededor de la palabra **dichosos**.*

DISCUTE

• Discute lo que aprendiste acerca del sufrimiento en este pasaje.

• ¿Qué crees que quiso decir Pedro cuando escribió acerca de medidas de sufrimiento en el versículo 13? Explica tu respuesta.

1 Pedro 4:12-16

12 Amados, no se sorprendan del fuego de prueba que en medio de ustedes ha venido para probarlos, como si alguna cosa extraña les estuviera aconteciendo.

13 Antes bien, en la medida en que comparten los padecimientos de Cristo, regocíjense, para que también en la revelación de Su gloria se regocijen con gran alegría.

14 Si ustedes son insultados por el nombre de Cristo, dichosos son, pues el Espíritu de gloria y de Dios reposa sobre ustedes. Ciertamente, por ellos El es blasfemado, pero por ustedes es glorificado.

¹⁵ Que de ninguna manera sufra alguien de ustedes como asesino, o ladrón, o malhechor, o por entrometido.

• ¿Todo tipo de sufrimiento le da honor a Dios? Observa cuidadosamente el versículo 15 y explica tu respuesta.

¹⁶ Pero si alguien sufre como Cristiano, que no se avergüence, sino que como tal (en ese nombre) glorifique a Dios.

• ¿Estás sufriendo por el evangelio? ¿Te advirtió alguien que esperaras esto? ¿Cómo te ayuda el conocer estas verdades?

2 Timoteo 3:12

Y en verdad, todos los que quieren vivir piadosamente en Cristo Jesús, serán perseguidos.

OBSERVA

Líder: Lee 2 Timoteo 3:12 en voz alta.
   • *Pide al grupo que diga en voz alta y marque la palabra **perseguidos** como antes:*

DISCUTE

• ¿Quién será perseguido?

• ¿Estás siendo perseguido? Si no es así, tal vez necesitas dar un serio vistazo a tu vida. ¿Estás honrando a Dios y buscando la justicia de manera que te señale como apartado para Él?

OBSERVA

Hemos visto que el sufrimiento es una certeza a esperar para el hijo de Dios. Ahora veamos juntos otras cosas que necesitamos saber acerca del sufrimiento y la persecución.

Líder: Lee Romanos 8:16-17 en voz alta. Pide al grupo que...

- *Encierre en un círculo las frases **hijos de Dios** y **herederos de Dios**.*
- *Marque la palabra **padecemos** como antes.*

DISCUTE

- ¿De qué es una característica el sufrimiento?

- ¿Cuál es la relación entre el sufrimiento y la glorificación?

Romanos 8:16-17

16 El Espíritu mismo da testimonio a nuestro espíritu de que somos hijos de Dios.

17 Y si somos hijos, somos también herederos; herederos de Dios y coherederos con Cristo, si en verdad padecemos con El a fin de que también seamos glorificados con El.

1 Pedro 1:6-7

⁶ En lo cual ustedes se regocijan grandemente, aunque ahora, por un poco de tiempo si es necesario, sean afligidos con diversas pruebas,

⁷ para que la prueba de la fe de ustedes, más preciosa que el oro que perece, aunque probado por fuego, sea hallada que resulta en alabanza, gloria y honor en la revelación de Jesucristo;

OBSERVA

Líder: Lee 1 Pedro 1:6-7 en voz alta.
- *Pide al grupo que diga en voz alta y marque las palabras **pruebas** y **probados** con una **P.***

DISCUTE
- ¿Qué aprendiste al marcar *pruebas* y *probados*?

- ¿Cómo resulta el sufrimiento en gloria?

1 Pedro 2:18-25

¹⁸ Siervos, estén sujetos a sus amos con todo respeto, no sólo a los que son buenos y afables, sino también a los que son insoportables.

OBSERVA

Líder: Lee 1 Pedro 2:18-25 en voz alta.
- *Pide al grupo que marque cada referencia al **sufrimiento** como antes.*

DISCUTE
- ¿Qué tipo de sufrimiento halla el favor de Dios?

• ¿Quién es nuestro ejemplo de sufrimiento, según el versículo 21?

ACLARACIÓN

La palabra griega para *ejemplo* se refiere a un bosquejo, un dibujo o una copia de un libro o cartas para ser utilizadas por el pupilo como modelo a seguir.

• En 1 Pedro 2:21-25 Pedro le dio a los creyentes un patrón a seguir cuando estén sufriendo. Haz una lista de las características y comportamientos que observas en este patrón.

• Ya que el sufrimiento es seguro, ¿cómo debemos responder a quienes nos causan sufrimiento? Explica tu respuesta.

[19] Porque esto halla gracia, si por causa de la conciencia ante Dios, alguien sobrelleva penalidades sufriendo injustamente.

[20] Pues ¿qué mérito hay, si cuando ustedes pecan y son tratados con severidad lo soportan con paciencia? Pero si cuando hacen lo bueno sufren por ello y lo soportan con paciencia, esto halla gracia con Dios.

[21] Porque para este propósito han sido llamados, pues también Cristo sufrió por ustedes, dejándoles ejemplo para que sigan Sus pasos,

[22] el cual no cometio pecado, ni engaño alguno se hallo en Su boca;

²³ y quien cuando Lo ultrajaban, no respondía ultrajando. Cuando padecía, no amenazaba, sino que se encomendaba a Aquél que juzga con justicia.

• Jesús confió en Su Padre, Aquel que juzgaría a Sus atormentadores. Uno de los beneficios de la persecución es la comunión íntima con Dios, porque nos motiva a apoyarnos en Él. ¿Qué hay de ti? ¿Estás confiando en tu Padre? ¿A quién corres en tiempos de persecución?

²⁴ El mismo llevó (cargó) nuestros pecados en Su cuerpo sobre la cruz, a fin de que muramos al pecado y vivamos a la justicia, porque por Sus heridas fueron ustedes sanados.

• Al soportar pacientemente la persecución, puedes testificar de la realidad de tu fe en Jesucristo. ¿Qué clase de impacto podría tener eso en quienes te rodean?

²⁵ Pues ustedes andaban descarriados como ovejas, pero ahora han vuelto al Pastor y Guardián (Supervisor) de sus almas.

• Jesús aceptó la persecución; Él estuvo dispuesto a soportarla. ¿Qué hay de ti? ¿La estás soportando o estás huyendo de ella? ¿Qué revela tu respuesta a las críticas y el injusto rechazo por tu fe?

FINALIZANDO

Dios nos dice a través del apóstol Pablo que el don de la fe en Cristo y el don del sufrimiento vienen juntos. El soportar la persecución se convierte en un testimonio de la veracidad de tu fe.

Cuando estás en frente de tus oponentes y no te alarmas, eso es una señal de tu salvación; puesto que te das cuenta que tienes un lugar en el cielo. Cuando tus oponentes te ven de pie—firme sin temblar, ellos entran en pánico. Es como entrar en una pelea con alguien que no le tiene miedo al dolor; no hay nada que puedas hacer para amedrentarlo.

¿Estás siendo perseguido debido a la justicia? ¿Se burlan o ensucian tu nombre debido a tu relación con el Señor? Si no es así, ¿podría ser que realmente no eres lo que tú piensas para con Dios? ¿Podría ser que has comprometido tu estándar de justicia? ¿Eres tan parecido al mundo que tu vida no expone su pecado, y por lo tanto ellos se sienten cómodos contigo? ¿O estás tan aislado en tu pequeña burbuja cristiana que no estás saliendo al mundo a ser un pacificador, a mostrar a los demás su necesidad de reconciliarse con Dios?

No debes temer cuando la persecución y el sufrimiento lleguen a tu vida. Recuerda: Dios es soberano, Él está en control, Dios te tiene en Su mano (Juan 10:28-30), y Dios es amor. Él nunca permitirá ningún sufrimiento que no puedas soportar; y al hacerlo darás testimonio de la veracidad de tu fe en Jesucristo.

Las Bienaventuranzas comienzan y terminan con una promesa: "de ellos es el reino de los cielos". Por tanto, todo lo que está en medio también está incluido. Es un paquete completo. Cuando vuelves tu corazón hacia Dios, estas actitudes serán visiblemente manifiestas en tu vida. Ellas son la marca de un verdadero creyente—de uno que posee todo el favor de Dios. ¿Qué bendición más grande puede haber?

Esta singular serie de estudios bíblicos del equipo de enseñanza de Ministerios Precepto Internacional, aborda temas con los que luchan las mentes investigadoras; y lo hace en breves lecciones muy fáciles de entender e ideales para reuniones de grupos pequeños. Estos cursos de estudio bíblico, de la serie 40 minutos, pueden realizarse siguiendo cualquier orden. Sin embargo, a continuación te mostramos una posible secuencia a seguir:

¿Cómo Sabes que Dios es Tu Padre?

Muchos dicen: "Soy cristiano"; pero, ¿cómo pueden saber si Dios realmente es su Padre—y si el cielo será su futuro hogar? La epístola de 1 Juan fue escrita con este propósito—que tú puedas saber si realmente tienes la vida eterna. Éste es un esclarecedor estudio que te sacará de la oscuridad y abrirá tu entendimiento hacia esta importante verdad bíblica.

Cómo Tener una Relación Genuina con Dios

A quienes tengan el deseo de conocer a Dios y relacionarse con Él de forma significativa, Ministerios Precepto abre la Biblia para mostrarles el camino a la salvación. Por medio de un profundo análisis de ciertos pasajes bíblicos cruciales, este esclarecedor estudio se enfoca en dónde nos encontramos con respecto a Dios, cómo es que el pecado evita que lo conozcamos y cómo Cristo puso un puente sobre aquel abismo que existe entre los hombres y su SEÑOR.

Ser un Discípulo: Considerando Su Verdadero Costo

Jesús llamó a Sus seguidores a ser discípulos. Pero el discipulado viene con un costo y un compromiso incluido. Este estudio da una mirada inductiva a cómo la Biblia describe al discípulo, establece las características de un seguidor de Cristo e invita a los estudiantes a aceptar Su desafío, para luego disfrutar de las eternas bendiciones del discipulado.

¿Vives lo que Dices?

Este estudio inductivo de Efesios 4 y 5, está diseñado para ayudar a los estudiantes a que vean, por sí mismos, lo que Dios dice respecto al estilo de vida de un verdadero creyente en Cristo. Este estudio los capacitará para vivir de una manera digna de su llamamiento; con la meta final de desarrollar un andar diario con Dios, caracterizado por la madurez, la semejanza a Cristo y la paz.

Viviendo Una Vida de Verdadera Adoración

La adoración es uno de los temas del cristianismo peor entendidos; y este estudio explora lo que la Biblia dice acerca de la adoración: ¿qué es? ¿Cuándo sucede? ¿Dónde ocurre? ¿Se basa en las emociones? ¿Se limita solamente a los domingos en la iglesia? ¿Impacta la forma en que sirves al SEÑOR? Para éstas, y más preguntas, este estudio nos ofrece respuestas bíblicas novedosas.

Descubriendo lo que Nos Espera en el Futuro

Con todo lo que está ocurriendo en el mundo, las personas no pueden evitar cuestionarse respecto a lo que nos espera en el futuro. ¿Habrá paz alguna vez en la tierra? ¿Cuánto tiempo vivirá el mundo bajo la amenaza del terrorismo? ¿Hay un horizonte con un solo gobernante mundial? Esta fácil guía de estudio conduce a los lectores a través del importante libro de Daniel; libro en el que se establece el plan de Dios para el futuro.

Cómo Tomar Decisiones Que No Lamentarás

Cada día nos enfrentamos a innumerables decisiones; y algunas de ellas pueden cambiar el curso de nuestras vidas para siempre. Entonces, ¿a dónde acudes en busca de dirección? ¿Qué debemos hacer cuando nos enfrentamos a una tentación? Este breve estudio te brindará una práctica y valiosa guía, al explorar el papel que tiene la Escritura y el Espíritu Santo en nuestra toma de decisiones.

Dinero y Posesiones: La Búsqueda del Contentamiento

Nuestra actitud hacia el dinero y las posesiones reflejará la calidad de nuestra relación con Dios. Y, de acuerdo con las Escrituras, nuestra visión del dinero nos muestra dónde está descansando nuestro verdadero amor. En este estudio, los lectores escudriñarán las Escrituras para aprender de dónde proviene el dinero, cómo se supone que debemos manejarlo y cómo vivir una vida abundante, sin importar su actual situación financiera.

Cómo puede un Hombre Controlar Sus Pensamientos, Deseos y Pasiones

Este estudio capacita a los hombres con la poderosa verdad de que Dios ha provisto todo lo necesario para resistir la tentación; y lo hace, a través de ejemplos de hombres en las Escrituras, algunos de los cuales cayeron en pecado y otros que se mantuvieron firmes. Aprende cómo escoger el camino de pureza, para tener la plena confianza de que, a través del poder del Espíritu Santo y la Palabra de Dios, podrás estar algún día puro e irreprensible delante de Dios.

Viviendo Victoriosamente en Tiempos de Dificultad

Vivimos en un mundo decadente, poblado por gente sin rumbo, y no podemos escaparnos de la adversidad y el dolor. Sin embargo, y por alguna razón, los difíciles tiempos que se viven actualmente son parte del plan de Dios y sirven para Sus propósitos. Este valioso estudio ayuda a los lectores a descubrir cómo glorificar a Dios en medio del dolor; al tiempo que aprenden cómo encontrar gozo aún cuando la vida parezca injusta, y a conocer la paz que viene al confiar en el Único que puede brindar la fuerza necesaria en medio de nuestra debilidad.

Edificando un Matrimonio que en Verdad Funcione

Dios diseñó el matrimonio para que fuera una relación satisfactoria y realizadora; creando a hombres y mujeres para que ellos—juntos y como una sola carne—pudieran reflejar Su amor por el mundo. El matrimonio, cuando es vivido como Dios lo planeó, nos completa, nos trae gozo y da a nuestras vidas un fresco significado. En este estudio, los lectores examinarán el diseño de Dios para el matrimonio y aprenderán cómo establecer y mantener el tipo de matrimonio que trae gozo duradero.

El Perdón: Rompiendo el Poder del Pasado

El perdón puede ser un concepto abrumador, sobre todo para quienes llevan consigo profundas heridas provocadas por difíciles situaciones de su pasado. En este estudio innovador, obtendrás esclarecedores conceptos del perdón de Dios para contigo, aprenderás cómo responder a aquellos que te han tratado injustamente, y descubrirás cómo la decisión de perdonar rompe las cadenas del doloroso pasado y te impulsa hacia un gozoso futuro.

Elementos Básicos de la Oración Efectiva

Esta perspectiva general de la oración te guiará a una vida de oración con más fervor a medida que aprendes lo que Dios espera de tus oraciones y qué puedes esperar de Él. Un detallado examen del Padre Nuestro, y de algunos importantes principios obtenidos de ejemplos de oraciones a través de la Biblia, te desafiarán a un mayor entendimiento de la voluntad de Dios, Sus caminos y Su amor por ti mientras experimentas lo que significa verdaderamente el acercarse a Dios en oración.

Cómo se Hace un Líder al Estilo de Dios

¿Qué espera Dios de quienes Él coloca en lugares de autoridad? ¿Qué características marcan al verdadero líder efectivo? ¿Cómo puedes ser el líder que Dios te ha llamado a ser? Encontrarás las respuestas a éstas, y otras preguntas, en este poderoso estudio de cuatro importantes líderes de Israel—Elí, Samuel, Saúl y David— cuyas vidas señalan principios que necesitamos conocer como líderes en nuestros hogares, en nuestras comunidades, en nuestras iglesias y finalmente en nuestro mundo.

¿Qué Dice la Biblia Acerca del Sexo?

Nuestra cultura está saturada de sexo, pero muy pocos tienen una idea clara de lo que Dios dice acerca de este tema. En contraste a la creencia popular, Dios no se opone al sexo; únicamente, a su mal uso. Al aprender acerca de las barreras o límites que Él ha diseñado para proteger este regalo, te capacitarás para enfrentar las mentiras del mundo y aprender que Dios quiere lo mejor para ti.

Principios Clave para el Ayuno Bíblico

La disciplina espiritual del ayuno se remonta a la antigüedad. Sin embargo, el propósito y naturaleza de esta práctica a menudo es malentendida. Este vigorizante estudio explica por qué el ayuno es importante en la vida del creyente promedio, resalta principios bíblicos para el ayuno efectivo, y muestra cómo esta poderosa disciplina lleva a una conexión más profunda con Dios.

Distracciones Fatales: Conquistando Tentaciones Destructivas

¿Está el pecado amenazando tu progreso espiritual? Cualquier tipo de pecado puede minar la efectividad del creyente, pero ciertos pecados pueden enraizarse tanto en sus vidas - incluso sin darse cuenta - que se vuelven fatales para nuestro crecimiento espiritual. Este estudio trata con seis de los pecados "mortales" que amenazan el progreso espiritual: Orgullo, Ira, Celos, Glotonería, Pereza y Avaricia. Aprenderás cómo identificar las formas sutiles en las que estas distracciones fatales pueden invadir tu vida y estarás equipado para conquistar estas tentaciones destructivas para que puedas madurar en tu caminar con Cristo.

Entendiendo los Dones Espirituales

¿Qué son Dones Espirituales?
El tema de los dones espirituales podría parecer complicado: ¿Quién tiene dones espirituales – "las personas espirituales" o todo el mundo? ¿Qué son dones espirituales?
Entender los Dones Espirituales te lleva directamente a la Palabra de Dios para descubrir las respuestas del Mismo que otorga el don. A medida que profundizas en los pasajes bíblicos acerca del diseño de Dios para cada uno de nosotros, descubrirás que los dones espirituales no son complicados – pero sí cambian vidas.
Descubrirás lo que son los dones espirituales, de dónde vienen, quiénes los tienen, cómo se reciben y cómo obran dentro de la iglesia. A medida que estudias, tendrás una nueva visión de cómo puedes usar los dones dados por Dios para traer esperanza a tu hogar, tu iglesia y a un mundo herido.

Viviendo Como que le Perteneces a Dios

¿Pueden otros ver que le perteneces a Dios?
Dios nos llama a una vida de gozo, obediencia y confianza. Él nos llama a ser diferentes de quienes nos rodean. Él nos llama a ser santos.
Es este enriquecedor estudio, descubrirás que la santidad no es un estándar arbitrario dentro de la iglesia actual o un objetivo inalcanzable de perfección intachable. La santidad se trata de agradar

a Dios – vivir de tal manera que sea claro que le perteneces a Él. La santidad es lo que te hace único como un creyente de Jesucristo. Ven a explorar la belleza de vivir en santidad y ver por qué la verdadera santidad y verdadera felicidad siempre van de la mano.

Amando a Dios y a los demás

¿Qué quiere realmente Dios de ti?
Es fácil confundirse acerca de cómo agradar a Dios. Un maestro de Biblia te da una larga lista de mandatos que debes guardar. El siguiente te dice que solo la gracia importa. ¿Quién está en lo correcto?

Hace siglos, en respuesta a esta pregunta, Jesús simplificó todas las reglas y regulaciones de la Ley en dos grandes mandamientos: amar a Dios y a tu prójimo.

Amar a Dios y a los demás estudia cómo estos dos mandamientos definen el corazón de la fe Cristiana. Mientras descansas en el conocimiento de lo que Dios te ha llamado a hacer, serás desafiado a vivir estos mandamientos – y descubrir cómo obedecer los simples mandatos de Jesús transformarán no solo tu vida sino también las vidas de los que te rodean.

Liberándose del Temor

La vida está llena de todo tipo de temores que pueden asaltar tu mente, perturbar tu alma y traer estrés incalculable. Pero no tienes que permanecer cautivo a tus temores.

En este estudio de seis semanas aprenderás cómo confrontar tus circunstancias con fortaleza y coraje mientras vives en el temor del Señor – el temor que conquista todo temor y te libera para vivir en fe.

El Poder de Conocer a Dios

Puede que sepas acerca de Dios, pero ¿realmente sabes lo que Él dice acerca de Sí mismo – y lo que Él quiere de ti? Este estudio esclarecedor te ayudará a ganar un verdadero entendimiento del carácter de Dios y Sus caminos. Mientras descubres por ti mismo quién es Él, serás llevado hacia una relación más profunda y personal con el Dios del universo – una relación que te permitirá mostrar confiadamente Su fuerza en las circunstancias más difíciles de la vida.

Guerra Espiritual: Venciendo al Enemigo

¿Estás preparado para la batalla?
Ya sea que te des cuenta o no, vives en medio de una lucha spiritual. Tu enemigo, el diablo, es peligroso, destructivo y está determinado a alejarte de server de manera efectiva a Dios. Para poder defenderte a ti mismo de sus ataques, necesitas conocer cómo opera el enemigo. A través de este estudio de seis semanas, obtendrás un complete conocimiento de las tácticas e insidias del enemigo. Mientras descubres la verdad acerca de Satanás – incluyendo los límites de su poder – estarás equipado a permanecer firme contra sus ataques y a desarrollar una estrategia para vivir diariamente en victoria.

ACERCA DE MINISTERIOS PRECEPTO INTERNACIONAL

Ministerios Precepto Internacional fue levantado por Dios para el solo propósito de establecer a las personas en la Palabra de Dios para producir reverencia a Él. Sirve como un brazo de la iglesia sin ser parte de una denominación. Dios ha permitido a Precepto alcanzar más allá de las líneas denominacionales sin comprometer las verdades de Su Palabra inerrante. Nosotros creemos que cada palabra de la Biblia fue inspirada y dada al hombre como todo lo que necesita para alcanzar la madurez y estar completamente equipado para toda buena obra de la vida. Este ministerio no busca imponer sus doctrinas en los demás, sino dirigir a las personas al Maestro mismo, Quien guía y lidera mediante Su Espíritu a la verdad a través de un estudio sistemático de Su Palabra. El ministerio produce una variedad de estudios bíblicos e imparte conferencias y Talleres Intensivos de entrenamiento diseñados para establecer a los asistentes en la Palabra a través del Estudio Bíblico Inductivo.

Jack Arthur y su esposa, Kay, fundaron Ministerios Precepto en 1970. Kay y el equipo de escritores del ministerio producen estudios **Precepto sobre Precepto,** Estudios **In & Out**, estudios de la **serie Señor**, estudios de la **Nueva serie de Estudio Inductivo**, estudios **40 Minutos** y **Estudio Inductivo de la Biblia Descubre por ti mismo para niños.** A partir de años de estudio diligente y experiencia enseñando, Kay y el equipo han desarrollado estos cursos inductivos únicos que son utilizados en cerca de 185 países en 70 idiomas.

MOVILIZANDO

Estamos movilizando un grupo de creyentes que "manejan bien la Palabra de Dios" y quieren utilizar sus dones espirituales y talentos para alcanzar 10 millones más de personas con el estudio bíblico inductivo.

Si compartes nuestra pasión por establecer a las personas en la Palabra de Dios, te invitamos a leer más. Visita **www.precept.org/Mobilize** para más información detallada.

RESPONDIENDO AL LLAMADO

Ahora que has estudiado y considerado en oración las escrituras, ¿hay algo nuevo que debas creer o hacer, o te movió a hacer algún cambio en tu vida? Es una de las muchas cosas maravillosas y sobrenaturales que resultan de estar en Su Palabra – Dios nos habla.

En Ministerios Precepto Internacional, creemos que hemos escuchado a Dios hablar acerca de nuestro rol en la Gran Comisión. Él nos ha dicho en Su Palabra que hagamos discípulos enseñando a las personas cómo estudiar Su Palabra. Planeamos alcanzar 10 millones más de personas con el Estudio Bíblico Inductivo.

Si compartes nuestra pasión por establecer a las personas en la Palabra de Dios, ¡te invitamos a que te unas a nosotros! ¿Considerarías en oración aportar mensualmente al ministerio? Si ofrendas en línea en **www.precept. org/ATC**, ahorramos gastos administrativos para que tus dólares alcancen a más gente. Si aportas mensualmente como una ofrenda mensual, menos dólares van a gastos administrativos y más van al ministerio.
Por favor ora acerca de cómo el Señor te podría guiar a responder el llamado.

COMPRA CON PROPÓSITO
Cuando compras libros, estudios, audio y video, por favor cómpralos de Ministerios Precepto a través de nuestra tienda en línea (**http://store.precept.org/**) o en la oficina de Precepto en tu país. Sabemos que podrías encontrar algunos de estos materiales a menor precio en tiendas con fines de lucro, pero cuando compras a través de nosotros, las ganancias apoyan el trabajo que hacemos:

• Desarrollar más estudios bíblicos inductivos
• Traducir más estudios en otros idiomas
• Apoyar los esfuerzos en 185 países
• Alcanzar millones diariamente a través de la radio y televisión
• Entrenar pastores y líderes de estudios bíblicos alrededor del mundo
• Desarrollar estudios inductivos para niños para comenzar su viaje con Dios
• Equipar a las personas de todas las edades con las habilidades es estudio bíblico que transforma vidas

Cuando compras en Precepto, ¡ayudas a establecer a las personas en la Palabra de Dios!